Werner Rügemer

BlackRock & Co. enteignen!

WERNER RÜGEMER

BLACKROCK & CO. ENTEIGNEN!

Auf den Spuren einer
unbekannten Weltmacht

nomen

Mehr über unsere Autoren und Bücher:
www.nomen-verlag.de

4. Auflage 2026

ISBN 978-3-939816-82-9

Nomen Verlag Joachim Schäfer,
Homburger Landstraße 105, 60435 Frankfurt am Main,
nomen@nomen-verlag.de

Umschlaggestaltung: BlazekGrafik, Frankfurt am Main
Satz: Uhl + Massopust, Aalen
Druck und Bindung: CPI books GmbH,
Birkstraße 10, D-25917 Leck

Inhalt

Gewidmet

Christian Krähling (1977–2020),
Gewerkschaft ver.di,
internationalistischer Aktivist
bei Amazon in Bad Hersfeld

sowie

Peter Grottian (1942–2020),
langjähriger Aktivist des zivilen Ungehorsams,
Mitorganisator des 1. Tribunals gegen
BlackRock am 26./27.9.2020 in Berlin

BlackRock & Co. enteignen! Warum?

Am 19. Mai 2021 fand in den USA die *People's Assembly on BlackRock* statt. Die TeilnehmerInnen aus zahlreichen Staaten klagten BlackRock als Großaktionär von Konzernen der fossilen Energien an – wegen Umweltzerstörung und schwerer Menschenrechtsverletzungen. Damit wurde eine Aktionswoche eingeleitet, die sich bis zum 26. Mai 2021 erstreckte, dem Tag, an dem BlackRock seine eigene Aktionärsversammlung abhielt.

Solche Aktivitäten gegen BlackRock finden in vielen Staaten statt – aber die privaten wie staatlichen Leit- und Massenmedien, die politischen Parteien schweigen dazu. In den Social Media verbreiten die Initiativen gegen BlackRock zwar ihre Aktivitäten und Analysen, aber Facebook, Google & Co. listen das nur ganz hinten. Ist doch logisch: BlackRock ist ja Großaktionär auch bei Facebook, Google & Co.[1]

Und BlackRock ist auch Großaktionär nicht nur bei den Fossil-Konzernen wie RWE, Shell & Co. und bei Facebook und Google & Co., sondern auch in den großen Auto-, Zement- und Agrobusiness-Konzernen, und selbstverständlich auch bei den wegen der Corona-Pandemie besonders gewinnträchtigen und einflussreichen Pharma-Konzernen, und, wer hätte es gedacht, bei den ebenfalls gegenwärtig besonders gewinnträchtigen großen Rüstungs- und Atombomben-Konzernen. Und sowieso bei den von den Pandemie-Maßnahmen der Regierungen besonders profitierenden Digitalkonzernen wie Apple, Amazon und Microsoft.

BlackRock und 100 ähnliche

Das scheint zunächst noch gar nicht so wichtig, da doch der so brav und menschenfreundlich daherkommende »Vermögensverwalter« BlackRock immer nur 3 oder 5 oder 7 oder auch mal 10 Prozent der Aktien dieser Konzerne besitzt und mit diesen kleinen Aktienpäckchen doch scheinbar gar nichts bestimmen kann. Schön wär's! Aber, und das ist das Problem: BlackRock ist nie alleine. Denn von dieser Art neuer, mächtiger Kapitalorganisatoren gibt es inzwischen mehrere Dutzend: Nach BlackRock sind dies Vanguard, State Street, Capital Group, Wellington, Fidelity, Northern Trust, Amundi, Norges, Massachusetts Financial, Temasek, Artisan, Qatar Holding, um nur einige der größten zu nennen – und sie stimmen sich untereinander ab.

Obwohl ihre Lobbyisten bei der Weltbank, der US- und der Europäischen Zentralbank und bei der Europäischen Kommission in Brüssel und bei den Regierungen in Washington, London, Paris, in den Staatskanzleien von Berlin, Düsseldorf und München und in Rom, Mexiko, Singapur und so weiter ein- und ausgehen und ebenso bei den Redaktionen der »renommierten« Medien wie der *New York Times*, der *Frankfurter Allgemeinen Zeitung*, dem *Handelsblatt* und so weiter – sie sind der breiten Öffentlichkeit so gut wie unbekannt. Das dürfte auch für die Mehrheit der gewählten Abgeordneten zutreffen.

Auch in allen wichtigen Talkshows im deutschen Fernsehen tauchten Repräsentanten dieser Kapitalorganisationen niemals auf, selbst Friedrich Merz war dort niemals als Vertreter von BlackRock eingeladen und befragt, sondern lediglich als CDU-Mann und Bewerber um den CDU-Parteivorsitz.

Warum die Enteignung notwendig ist

BlackRock & Co. sichern für ihre superreichen, anonymisierten Kapitalgeber eine ständige hohe Vermehrung der ohnehin schon mehrfachen Millionen- und Milliarden-Vermögen, während die Mehrheit der Menschen um ihr Überleben kämpft:

- BlackRock & Co. leisten für diese Kapitalgeber Beihilfe zur globalen Steuerflucht, anonymisieren sie und befreien sie von jeglicher gesellschaftlichen Verantwortung.
- BlackRock & Co. verarmen die Mehrheit der abhängig Beschäftigten, jetzt noch beschleunigt durch die Digitalisierung und die Aufteilung in immer kleinere und schlechter bezahlte Arbeitsportionen.
- BlackRock & Co. treiben nicht nur die *Working Poor* voran, sondern damit auch die *Working Sick* in den reichen westlichen Staaten, in den USA, in der EU selbst und in den neo- und postkolonial niedergehaltenen Entwicklungsländern.
- BlackRock & Co. verarmen die Staaten (*Poor States*), schrumpfen die Volkswirtschaften (*Poor Economies*), treiben die Privatisierung der öffentlichen Versorgung voran und verteuern sie zugleich.
- BlackRock & Co. blockieren – begleitet von professionell aufwendig gepushtem *Greenwashing*-Geschwätz – die Rettung der Umwelt. Mit der Ideologie-Formel ESG (*Environment*, *Social*, *Governance* = Umwelt, Soziales, gute Unternehmensführung) verbreiten sie einen neuen »Wertekanon«: Diese »Werte« sind gezielt vieldeutig und manipulativ. Dahinter verstecken sie ihr weiteres Profitieren von ArbeitsUnrecht, Wald- und Bodenzerstörung, Aufrüstung sowie Luft- und Wasservergiftung.

Aufrüstung und neue Kriege gegen Russland und China

- BlackRock & Co. sind die größten Eigentümer der westlichen Rüstungskonzerne, die jetzt mit Hassproduktion und Aufrüstung gegen China und Russland noch mehr Gewinne machen.
- BlackRock & Co. profitieren von den wachsenden Rüstungsexporten und Militär- und Anti-Terror-Einsätzen, und das umso mehr, je länger und unentschiedener sich diese Kriege und Einsätze hinziehen wie in den von ihnen zerstörten *Failed States* wie zuletzt Irak, Afghanistan, Libyen.
- BlackRock & Co. werden umso aggressiver, je erfolgreicher die Volksrepublik China sich für viele als mögliche Alternative entwickelt hat, im Inneren und im Äußeren: Sie hat 800 Millionen Menschen in China aus der Armut geholt, sie unterstützt mit der Neuen Seidenstraße nicht nur die unter neokolonialem Regime stehenden Staaten auf allen Kontinenten, sondern sichert sogar immer mehr die wirtschaftliche Existenz von Unternehmen des absteigenden US-geführten Kapitalismus, auch etwa in den von der EU verarmten Mitglieds- und assoziierten Staaten. Diese und ähnliche Alternativen wollen die Konzerne, in denen BlackRock & Co. Miteigentümer sind und die von ihnen beeinflussten Regierungen wie die unter US-Präsident Biden verhindern, notfalls auch mit Krieg.

Auch die MittäterInnen zur Verantwortung ziehen!

Die westlichen US-geführten Kapital-Demokratien und ihre bisherigen »Volks«parteien und Leitmedien haben Black-Rock & Co. so mächtig werden lassen und sich dabei selbst entmächtigt – ein neuer Aufbruch der Demokraten und Demokratinnen ist notwendig, orientiert an den Universellen Menschenrechten und am Völkerrecht.

Dadurch finden wir zum notwendigen »Wir«, das durch BlackRock & Co. und ihre großen und kleinen egoistischen, privatistischen, schlauen und kreativen HelferInnen zerstört wird.

BlackRock & Co. konnten und können nur so mächtig werden und sein, weil sie neben Regierungen und Parteien die vielen MittäterInnen haben. Die müssen benannt und zur Rechenschaft gezogen werden.

Aber das Wichtigste bleibt: BlackRock & Co. enteignen! Und die sinnvollen oder sinnvoll gestaltbaren Teile in öffentliche Verantwortung übernehmen! Das menschenrechtliche, völkerrechtliche »Wir« entwickeln, das in eine bessere Zukunft weist!

Der große Unbekannte: BlackRock im Wirecard-Betrugssystem

Im Jahre 2020 wurde offiziell anerkannt: Beim großen Finanzkonzern Wirecard mit Sitz in Deutschland waren etwa 1,9 Mrd. Euro »verschwunden«, in Wirklichkeit gab es diese bilanziellen Fantasiegelder wohl nie. Das Betrugssystem bei diesem »erfolgreichen« DAX-Konzern wurde in den Jahren 2020 und 2021 politisch und medial heftig skandalisiert: Finanzminister Olaf Scholz wurde angeprangert, auch Felix Hufeld, Chef der Finanzdienstleistungsaufsicht BaFin und auch die Wirtschafts»prüfer«gesellschaft Ernst & Young (EY), die jahrelang gegen gutes Honorar die falschen Bilanzen als korrekt testiert hatte.

Aktionäre bleiben ungenannt

Aber wo blieben die nach kapitalistischem Wirtschaftssystem eigentlich Verantwortlichen, also die Eigentümer, die Aktionäre von Wirecard? Und die Kreditgeber und sonstigen Mittäter auf der Kapitalseite? BlackRock war die Spinne im Betrugsnetz – und unsere Politiker im Bundestag und unsere Leitmedien schweigen, bis heute.

Und natürlich finden wir in der neuen tollen internationalen Enzyklopädie *Wikipedia* zu den Aktionären von Wirecard: Gar nichts. Schauen Sie mal nach!

Die wichtigsten Eigentümer von Wirecard: BlackRock & Co.

Fangen wir auf der ersten Ebene an: bei den Aktionären. Im Mai 2020, kurz bevor die Insolvenz beantragt wurde, hielt BlackRock über seine zwei Tochterfirmen Fund Advisers und Asset Management Deutschland AG 3 Prozent der Wirecard-Aktien.[2] Vorher hatte der Anteil, wie bei BlackRock üblich, häufig geschwankt, zwischen 1 Prozent bis auf 5,57 Prozent.

Damit gehörte BlackRock die längste Zeit zu den Großaktionären. Die wichtigsten bis 2020 waren, nach der Größe ihrer Aktienanteile: Goldman Sachs (16 Prozent), Société Générale (6,37), BlackRock (5,57), Bank of America (5,48), Morgan Stanley (5).

Für dieses Milieu durchaus bezeichnend: Der aufsteigende französische Großspekulant Nicolas Walewski war über seine Luxemburger Briefkastenfirma Alken European Opportunities mit 9 Prozent kurzzeitig der zweitgrößte Aktionär. Mitte Juli 2020 hat er einen Teil seines Kapitals auf ein anderes Unternehmen konzentriert, das aus anderen Gründen aufsteigt: auf den deutschen Waffenhersteller Heckler & Koch. Hier ist Walewski jetzt Haupteigentümer.

BlackRock als Aktionär der anderen Wirecard-Aktionäre

Aber mit den Aktionären ergibt sich noch nicht das ganze Bild. Hier setzt ja das verdummende Gerede der BlackRock-Lobbyisten wie Friedrich Merz ein: Was kann ein Aktionär mit 5 Prozent Aktien schon groß entscheiden?

Doch BlackRock ist Mehrfach-Akteur, war und ist auch Aktionär bei allen anderen wichtigen Wirecard-Aktionären:

Größter Aktionär bei der »französischen« Bank Société Générale, drittgrößter Aktionär von Goldman Sachs und der Bank of America und viertgrößter Aktionär der Bank Morgan Stanley.

BlackRock als Aktionär bei den Wirecard-Kreditgebern

Aber auch das ist noch nicht das ganze Bild. Die Aktionäre bilden das Grundkapital. Aber Wirecard konnte ja seit der Gründung 1999 nur aufsteigen und seine globalen Betrugskonstrukte bis nach Asien finanzieren, weil große Banken dafür Milliarden an Krediten gewährten.

Der wichtigste Kreditgeber von Wirecard war die nach der letzten Finanzkrise staatlich gerettete Commerzbank mit 1,75 Mrd. Euro. Mit gleicher Kredithöhe war ABN AMRO (Niederlande) dabei, dann folgte mit 200 Millionen die ING (Niederlande), dann folgten die deutsche Genossenschaftsbank DZ und die französische Crédit Agricole mit jeweils 120 Millionen, dann Barclays (London). Und auch eine deutsche öffentliche Landesbank war dabei, die LBBW aus dem grünchristlich regierten Baden-Württemberg mit 200 Millionen.[3]

Eine besonders betrugsfördernde Rolle spielte die Deutsche Bank: Sie gewährte Wirecard 80 Millionen, die Investtochter DWS versorgte Wirecard mithilfe massiver Wetten auf die Wirecard-Aktien mit Eigenkapital. Aber vor allem gab die Deutsche Bank dem guten Freund, dem obersten Wirecard-Betrugschef Markus Braun, einfach mal so einen persönlichen Kredit von 150 Millionen Euro.[4]

Und auch mit diesen Mittätern ist BlackRock eng verflochten: Als größter Aktionär der Deutschen Bank, als drittgrößter Aktionär der Commerzbank (nach dem deutschen Staat, vertreten durch das Finanzministerium, und nach der US-

»Heuschrecke« Cerberus) und auch jeweils als einer der kleineren unter den 10 größten Aktionären bei den Kreditgebern ABN AMRO, ING und Crédit Agricole.

BlackRock als Aktionär der Rating-Agentur Moody's

Aber das ist noch immer nicht das ganze Bild der hochprofessionellen, kriminogenen Vetternwirtschaft im heutigen BlackRock-Kapitalismus.

Denn die Banken geben die Kredite aufgrund der Bonitäts-Einstufung durch die staatlich eingesetzten Rating-Agenturen. Bei Wirecard war es die zweitgrößte der US-Ratingagenturen, Moody's: Sie vergab gegen ein Millionenhonorar das Rating.

So stufte Moody's auch noch mitten in der Betrugs-Hochkonjunktur im August 2019 Wirecard mit »Investment Grade« Baa3 ein: Diese uneingeschränkte Kreditwürdigkeit war der Start für die Kreditgeber Deutsche Bank, ING und Crédit Agricole. Sie legten für Wirecard nochmals eine 500 Millionen-Anleihe auf. Wie hieß es doch so schön in dem hochprofessionellen Rating-Geplapper: Das Baa3-Rating »spiegelt Wirecards führende Rolle auf dem Zahlungsabwicklungsmarkt insbesondere in Europa und in den stark wachsenden asiatischen Märkten. ... Stabiler Ausblick und erwartetes starkes Wachstum.«[5]

Und wem gehört der Betrugsgehilfe Moody's? Die Eigentümer sind, in dieser Reihenfolge: Berkshire Hathaway, die Holding des beliebten Großspekulanten Warren Buffett, dann folgen Vanguard und, offenbar unvermeidlich, BlackRock. Natürlich ist BlackRock auch Großaktionär bei Berkshire Hathaway, und Vanguard ist Aktionär von BlackRock.

Und bekanntlich oder schon vergessen: Moody's gehörte mit den beiden anderen Ratingagenturen Standard & Poor's und Fitch zu den Verursachern der letzten Finanzkrise, mit den betrügerischen Gefälligkeits-Ratings für Spekulationspapiere.[6] Gekaufte, betrügerische Ratings gehören zum Geschäft, und BlackRock & Co. sind Eigentümer und Auftraggeber solcher Betrüger, auch ungebrochen nach der Finanzkrise.

Die Wirtschafts»prüfer«: Ernst & Young (EY)

Der Wirtschafts»prüfungs«konzern Ernst & Young (EY) hat bis einschließlich der letzten veröffentlichten Wirecard-Bilanz 2018 immer auftragsgemäß und mit zweistelligem Millionen-Honorar bis zum letzten Testat nie etwas vom Betrug gemerkt. Deshalb merkte auch die staatliche Finanzaufsicht BaFin nichts: Deren Mitarbeiter waren ja auch während der Dienstzeit vielfach damit beschäftigt, mit Wirecard-Aktien zu spekulieren.

Eine jahrzehntelange Schleimspur des Testierens von Betrug zieht dieser Wirtschafts»prüfungs«konzern EY hinter sich her: zum Beispiel den Betrügern der Wall Street-Bank Lehman Brothers, Auslöser der Finanzkrise 2008, hat EY bis zum bitteren Ende die Buchhaltung und die Geschäftsberichte als korrekt testiert. Schon vergessen? Und nur zum Beispiel in Deutschland, was mal ein ganz großer Skandal war: Auch die Betrügereien bei der dann insolventen Einzelhandelskette Schlecker: EY war der Wirtschafts»prüfer«.

Und die Großaktionäre von Wirecard, also Goldman Sachs, Société Générale und BlackRock & Co. beauftragten niemand anders als EY als Wirtschafts»prüfer« bei Wirecard! Und sie beauftragen EY auch in Hunderten von Unternehmen, in denen sie Großaktionäre sind.

Nur als kleine Ergänzung: US-Präsident Donald Trump berief nach seiner Wahl den Weltchef von EY, Mark Weinberger, ebenso wie den BlackRock-Chef Fink in seinen Business Council.

BlackRock: Spekulation mit Wirecard-Aktien

Für BlackRock & Co. sind Aktien ein wichtiges Mittel der Spekulation. Diese neuen Investoren holen ihre Gewinne weniger durch möglichst hohe Gewinnausschüttungen (Dividenden), sondern durch den ständigen Handel mit ihren Aktien. Auf jede Bewegung des Aktienwertes – etwa ausgelöst durch Erfolgsmeldungen, durch ein neues Rating, auch durch Betrugsvorwürfe – wird spekuliert, durch Kauf und Verkauf der Aktien, gesteigert durch Leerverkäufe, durch Wetten auf die Aktienwertentwicklung mithilfe von Derivaten. Der Wert der Wirecard-Aktie schwankte spätestens ab 2015 – ausgelöst durch Berichte über dubiose Geschäftspraktiken – spekulationsfördernd zwischen 199 Euro und 0,25 Euro.

BlackRock hat immer wieder seinen Wirecard-Bestand an Derivaten und am Indexfond ETF erweitert und verkleinert. So war es beim zeitweiligen Kursrückgang im Februar 2019: BlackRock baute seinen Aktienanteil von 5,92 auf 4,42 Prozent ab, erhöhte aber die Derivateposition auf 1,47 Prozent, »was durch eine Leihe erklärbar ist. ... Selbiges ist bei etwaigen Mittelabflüssen aus den BlackRock-ETFs der Fall.«[7] Dann ein Jahr später: »Großaktionär BlackRock hat zum dritten Mal in diesem Jahr seine Aktien-Position beim Payment-Anbieter Wirecard meldepflichtig verändert.«[8] So änderte sich der Aktienanteil von BlackRock oft täglich und schwankte zwischen 1 und 5 Prozent.

BlackRock führt in diesem Geschäftsfeld, aufgrund seiner einzigartigen Stellung als Vielfach-Insider (hier in Wirecard, dessen Kreditgebern und Mitaktionären, bei der Ratingagentur Moody's), auch mithilfe der roboterisierten, algorithmisierten Spekulation. Dazu setzt BlackRock seine Tochtergesellschaft ALADDIN ein, die größte Maschine der westlichen Welt zur Erfassung und Verwertung von Finanz- und Unternehmensdaten im Nanosekundenbereich – da kommt keine Finanzaufsicht mit, schon gar nicht die deutsche BaFin, wie sich im viel kleineren Fall der Lufthansa zeigte, wo BlackRock die Meldepflichten verletzte und lässig ein Millionen-Bußgeld zahlte.[9]

BlackRocks Wirecard-Aktien in Finanzoasen

Nur nebenbei, auch vielleicht als ebenfalls noch nicht gestellte Frage an die aufgeregten fleißigen Aufklärer im Deutschen Bundestag, damit das Bild in etwa komplett ist:

BlackRock hat die zum 2.7.2020 gemeldeten 5,57 Prozent seiner Wirecard-Aktien auf etwa 130 Briefkastenfirmen in einem Dutzend Finanzoasen zwischen den Cayman Islands und Luxemburg verteilt. BlackRock selbst gibt in dieser Meldung seinen juristischen und Steuersitz in der größten Finanzoase der westlichen Welt an, in Wilmington im winzigen US-Bundesstaat Delaware.

Und Delaware steht nicht auf der von der EU erstellten schwarzen Liste der Steueroasen.

Moderne Korruptis schauen weg: Finanzminister, Finanzaufsicht, Staatsbank, Landesbank

BlackRock & Co. bleiben ungenannt, weil diese kriminogene Vetternwirtschaft umso leichter funktioniert, weil die Regierungen, die »zuständigen« staatlichen Behörden nicht nur »zusehen« oder »wegsehen«, wie es oft verharmlosend heißt.

Moderne Korruption: Ohne Bestechungsgelder

Nein, beginnend bei der langjährigen Bundeskanzlerin Angela Merkel (CDU) und ihren Finanzministern, also Peer Steinbrück (SPD), Wolfgang Schäuble (CDU) und Olaf Scholz (wieder SPD): Sie waren und sind Wirecard-Komplizen, MittäterInnen: Sie sind Korruptis im modernen Sinne – sie brauchen (vermutlich) nicht mehr wie früher durch geheime Spenden bestochen zu werden; nein, sie haben sich der Macht der Kapitalmächtigen gebeugt, haben sich darin eingerichtet, werden von den Kapital-Medien gelobt und simulieren eigene Überzeugung:

- Die führende deutsche »Unsere Werte«-Propagandistin, Bundeskanzlerin Merkel, warb beim Staatsbesuch in China für die Zulassung Wirecards in der Volksrepublik – im »bösen« China, wo die Kanzlerin doch sonst mehr oder weniger heftig »Menschenrechtsverletzungen« anprangert. In Peking las Merkel vor der chinesischen Führung zur Werbung für Wirecard von ihrem Spickzettel ab, den ihr der betrügerische Ex-Wirtschafts- und Verteidigungsminister Karl-Theodor zu Guttenberg aus den USA vor der Reise über das Kanzleramt hatte zukommen lassen.
- Bis heute ist ungeklärt, ob Finanzminister Olaf Scholz als früherer Erster Hamburger Bürgermeister der altehrwürdig eingesessenen Hamburger Cum-Ex-Betrüger-Bank Warburg Millionen an nachzuzahlenden Steuern erließ.
- Scholz bereitete die Rettung der Landesbank HSH Nordbank vor: Die war durch betrügerische Spekulationen eigentlich insolvent. Aber Scholz setzte mit über 5 Mrd. an Staatshilfen die staatliche Rettung durch – das hatten die US-»Heuschrecken« Cerberus und Flowers zur Bedingung gemacht, um die HSH gnädigerweise zum Schleuderpreis

aufzukaufen.[10] Mit diesem Tabubruch der ersten Privatisierung einer öffentlichen Landesbank in Deutschland bekamen die US-Spekulanten Zugriff auf den öffentlichen Finanzsektor, auch sonst in der EU.[11]

- Sofort bei Amtsantritt berief Finanzminister Scholz Jörg Kukies zum Staatssekretär: Kukies war Chef der führenden Wall Street-Bank Goldman Sachs in Deutschland, und Goldman Sachs war u.a. Hauptaktionär[12] von Wirecard. Scholz und Kukies führten auch während der HSH-Rettung und während des Bekanntwerdens der Wirecard-Betrügereien mehrere Gespräche mit BlackRock-Vertretern, auch mit Chef Laurence (»Larry«) Fink, auch unter Beteiligung des BlackRock-Lobbyisten in Deutschland, Friedrich Merz.[13]
- Beim größten Wirecard-Kreditgeber, der Commerzbank, ist der deutsche Staat der Hauptaktionär, an zweiter Stelle kommt die »Heuschrecke« Cerberus, an dritter dann BlackRock. Kukies hat die Aufsicht über die Staatsbank und berät sich ständig mit dem Vorstand. Kukies führte keine Aufsicht, sondern stärkte die Komplizenschaft der Commerzbank mit Wirecard.
- Zum Chef der Finanzaufsicht BaFin wurde unter Finanzminister Wolfgang Schäuble Felix Hufeld berufen: Er kommt von der Seite der Investoren-Berater und -Lobbyisten. Er begann bei der Boston Consulting Group, war dann bei den Finanzberatungsfirmen Agora und Inex24 und zuletzt bei Westlake Partners. Er sollte in der BaFin also die überwachen, die er selbst beraten hatte und an denen er teilweise selbst beteiligt war.
- Mitarbeiter der BaFin, vor allem in der auch für die Wirecard-Aufsicht zuständigen Abteilung WA 2, spekulierten privat 69-mal mit Wirecard-Aktien.[14]

- Beim Wirecard-Kreditgeber LBBW, der Landesbank Baden-Württemberg, saßen im Aufsichtsrat: Die Finanzministerin der grün geführten Landesregierung, Edith Sitzmann, dann noch direkt dem grünen Ministerpräsidenten zugeordnet Florian Stegmann, Chef der Staatskanzlei sowie Fritz Kuhn, grüner Oberbürgermeister der Landeshauptstadt Stuttgart.

Untersuchungsausschuss des Bundestages: Schweigen

Auf Initiative insbesondere der FDP und der Linken wurde zur Aufklärung des Wirecard-Skandals ein Untersuchungsausschuss des Bundestages einberufen.

Er hat vielmals getagt. Die Mitglieder haben viele Zeugen und Sachverständige befragt und den aufgeregt und geduldig vor der Ausschusstür wartenden zahlreichen Journalisten viele anklagende Interviews gegeben. Aber die Aktionäre wie BlackRock wurden nie genannt und nie vor den Ausschuss geladen.

Das ist unsere Demokratie, ihr Politik-, ihr Medien- und Wissenschaftsbetrieb, die Staatskirchen eingeschlossen: Ein bisschen das Hilfspersonal skandalisieren – aber Schweigen zu den Eigentümern und Mächtigen.

Im Kapitalismus sind die Eigentümer, gerade die ganz großen Eigentümer, die wesentlich Verantwortlichen, auch die Profiteure. Aber BlackRock & Co. bleiben ungenannt, unbekannt, verantwortungslos. Sie lachen sich heimlich ins Fäustchen.

Der neue Privat-Gewinn-Komplex

Vielarmige Macht: Gewinne einer Minderheit, Verarmung der Volkswirtschaften und Staaten

Der Einfachheit halber, um die verzweigten Strukturen, Mechanismen und Akteure des neokapitalistischen Machtkomplexes zu erkunden, konzentrieren wir uns auch hier auf den gegenwärtig größten Kapitalorganisator: BlackRock Corporation mit operativem Sitz in New York und rechtlichem Sitz in der größten Unternehmens-Finanzoase der Welt, im US-Bundesstaat Delaware.

BlackRock ist gegenwärtig Miteigentümer, etwa als Aktionär, in 18000 Banken, Unternehmen und Finanzdienstleistern, vor allem in den USA und Kanada, in Großbritannien, Australien, Neuseeland, in der Europäischen Union und in Mittel- und Südamerika, in Hongkong, Singapur, Israel, Saudi-Arabien und Japan. Eine solche zahlreiche gleichzeitige Präsenz eines einzigen Eigentümers gab es in der Geschichte des Kapitalismus noch nie. BlackRock steuert ein Kapitalvermögen von 9,5 Billionen US-Dollar (Stand Juni 2021): So viel Kapital in einer Hand gab es noch nie.

Der neue kapitalistische Eisberg

Dabei ist BlackRock nur die Spitze des gegenwärtigen, neokapitalistischen Eisbergs. Die nächstgrößeren Kapitalorganisatoren dieser neuen Art heißen Vanguard, State Street, Capital Group, Amundi, Wellington, Fidelity, T. Rowe Price, Northern

Trust, Pimco, Norges, Baillie Gifford, Geode Capital, Dimensional Fund, Massachusetts Financial, Harris Associates, Temasek und Qatar Holdings. (Kennen Sie die und was die machen, z. B. in Deutschland und in der EU?)

Im Folgenden wird BlackRock exemplarisch für diese gegenwärtig bestimmenden Akteure des US-geführten westlichen Kapitalismus dargestellt. Auch die tausende kleineren neuen Kapitalakteure mit verwandten, kaum regulierten Geschäftsmodellen wie Private-Equity-Investoren (»Heuschrecken«), Hedgefonds und Venture Capitalists (Risikokapitalgeber) gehören zur gegenwärtigen Phase des spätestens seit der Bankenkrise von 2007 deregulierten Kapitalismus. Zu BlackRock & Co. stehen sie in unterschiedlichen, kooperativen wie konkurrenziellen Beziehungen – auf dieses noch unbekanntere und wichtige Unterholz des gegenwärtigen Kapitalismus sei hier nur kurz verwiesen.[15]

BlackRock: Aufstieg der führenden »Schattenbank«

BlackRock ist das Ergebnis einer langen Reihe von Deregulierungen in den USA, beginnend unter den Präsidentschaften von Ronald Reagan und William (»Bill«) Clinton. Die damit noch weitergehend als vorher befreiten großen Kapitalisten der Wall Street breiteten sich danach auch im gesamten westlichen Wirtschafts-, Finanz-, Steuer-, Staaten- und Institutionensystem aus, in Europa meist über Tochterfirmen in der City of London. Die US-Finanzaufsicht und die Nationalbank Fed förderten dies, ebenso die Weltbank und dann auch die EU und die Europäische Kommission.

Sitz in der größten US-Finanzoase Delaware

BlackRock hat zwar den operativen Hauptsitz in New York und Filialen in einigen Dutzend Staaten. Aber der rechtliche Unternehmenssitz als Corporation ist in der US-Finanzoase Delaware.

Dieser winzige US-Bundesstaat hat im 20. Jahrhundert seine Position als führende westliche Finanzoase ausgebaut, zunächst für US-Unternehmen: Besonders niedrige Gewinnsteuern, geringe Publizitätspflichten, Gründung und Verwaltung von Briefkastenfirmen als Geschäftsfeld und ein extrem »liberales« Unternehmensrecht: Haftung und Transparenz sind besonders stark eingeschränkt, etwa im Vergleich zu einer klassischen Aktiengesellschaft.

Führend bei dieser Entwicklung war seit den 1920er Jahren der US-Konzern DuPont (Pharma, Rüstung, Autozulieferung): Er hatte und hat dort seinen rechtlichen Standort und hat sich damit der öffentlichen Kontrolle und der Steuerzahlung auch bei seiner weltweiten Expansion entzogen, hat etwa auch mit dem deutschen Pharmakartell IG Farben während der NS-Zeit kooperiert. Diese in Delaware entwickelten kapitalistischen Freiheiten nutzen seit Jahrzehnten aber auch die meisten multinationalen Konzerne und Banken, nicht nur mit Standort in den USA, sondern auch aus der EU, Asien (v.a. Hongkong), Lateinamerika, auch für jeweils hunderte an Tochterfirmen.

Die EU hat auf ihrem Territorium die Rechtmäßigkeit dieses Unternehmensrechts anerkannt. So hat auch die auf US-Betreiben neu gegründete Bundesrepublik Deutschland schon unter dem Gründungskanzler Konrad Adenauer im Deutsch-Amerikanischen Freundschaftsvertrag von 1954 anerkannt, dass US-Unternehmen in der Bundesrepublik nach dem Recht der Finanzoase Delaware agieren können.[16]

Deregulierungen seit US-Präsident William Clinton

Die Freiheiten nach dem Recht von Delaware wurden laufend erweitert und wurden über die USA hinaus seit Beginn des 21. Jahrhunderts auch global in großem Umfang bedeutsam.

In den 1980er Jahren begannen Banker in der Wall Street mit neuen Finanzprodukten und Praktiken, die dann unter der Präsidentschaft des »Demokraten« William Clinton legalisiert wurden. So machte der spätere BlackRock-Gründer Laurence Fink in der Bank First Boston während der 1980er Jahre die Bündelung und den Verkauf von individuellen Hypothekenkrediten (für den Kauf von Eigentumswohnungen und Eigenheimen) an Banken und die Verwandlung in handelbare Wertpapiere zum Geschäftsmodell. Fink praktizierte dies zunächst bei einem der ebenfalls deregulierten neuen Finanzakteure, der Private Equity-Firma Blackstone.

Aus dem »Schwarzen Stein« wurde der »Schwarze Fels«

1988 machte Fink sich aus Blackstone heraus mit Blackrock (erst viel später BlackRock geschrieben) selbständig: Aus dem »schwarzen Stein« wurde der »schwarze Fels«.[17]

BlackRock & Co. unterlagen und unterliegen nicht den alten und nach der Finanzkrise von 2008 erneuerten Bank-Regulierungen. US-Präsident Obama machte BlackRock sogar zum Berater für die Abwicklung der Finanzkrise: Als Berater der US-Zentralbank Federal Reserve entschied BlackRock mit über das Schicksal der insolventen Banken, Versicherungen und Unternehmen: Wer wird gerettet, wer nicht? BlackRock wurde zum größten Insider der US-Finanzwirtschaft und konnte sich aus den Resten der insolventen Banken und Vermögensverwalter die schönsten Teile heraussuchen. So schoss der Geschäftsumfang von BlackRock selbst in die Höhe.

Die EU folgte, und BlackRock ist seit dem Chef der Europäischen Zentralbank Mario Draghi (bis 2020), der von Goldman Sachs kam, auch Berater der EZB. 2020 bekam BlackRock zudem einen Beratervertrag mit der Europäischen Kommission für den Bereich ESG (*Environment, Social, Governance* – Umwelt, Soziales, gute Unternehmensführung).[18]

Die »Schattenbanken«: Geschäftsführer der Superreichen

BlackRock & Co gelten trotz bankähnlicher Geschäfte rechtlich nicht als Banken. Bei der Weltbank, bei den Zentralbanken und bei den G7-Staaten gelten BlackRock & Co. ganz offiziell immer noch als »Schattenbanken« (*Shadow Banks*).

Sie stehen bis heute unreguliert »unter Beobachtung«, und zwar in der Zentralbank der Zentralbanken, der Bank for International Settlements (BIS, Sitz in Basel/Schweiz), die von der Federal Reserve Bank dominiert wird.[19] Durch ihre Lobby haben BlackRock & Co. erreicht, dass die westlichen Regierungen die Regulierung immer wieder aufschieben.[20]

Höhere Gewinne für die Superreichen

BlackRock & Co. verschaffen sich ihre Kapitalgrundlage durch das Kapital, das sie bei Unternehmern, Unternehmens-Stiftungen, Banken, Versicherungen und Pensionsfonds einsammeln. Eine zunehmend wichtige Gruppe der Kapitalgeber ist die mit der Deregulierung sprunghaft wachsende Zahl der Superreichen, der Multimillionäre und Multimilliardäre: Top-Manager aus Konzernen und Banken, Top-Spekulanten aus Hedgefonds, erfolgreiche Start-up-Unternehmer, alte und neue Unternehmer-Clans aus vielen reichen wie armen Staaten. In der Fachsprache heißen sie High Net Worth Individuals (HNWI) und Ultra High Net Worth Individuals (UHNWI) .

BlackRock gebietet im Jahr 2021 über 9 Billionen US-Dollar, verdient selbst an Gebühren, Provisionen und eigenen Geschäften, agiert aber wesentlich als rechtlicher Vertreter und Geschäftsführer der reichen Kapitalgeber. Ihnen allen garantiert BlackRock aufgrund der höheren Freiheiten auch höhere Jahresrenditen als bisherige Vermögensverwalter, traditionelle Banken und Unternehmen: 10 Prozent jährlich statt 3 Prozent.

BlackRock hat keine Bankschalter. Die paar zehntausend Hauptkunden mit einer Kapitaleinlage ab etwa 50 Millionen Dollar sind weniger an Zahl als die Kunden der Sparkasse einer mittleren deutschen Stadt. Für die Millionen Kleinkunden, denen über Vermittler die »Volks«aktie ETF verkauft wird, genügt die anonyme, roboterisierte Verwaltung. So braucht BlackRock insgesamt weltweit in 30 Staaten nur 16 000 Beschäftigte, während die traditionellen Großbanken, die nicht einmal ein Zehntel an Kapital verwalten, aber zehnmal so viel Beschäftigte – und die Gehalts- und Sparkonten von »Normal«verdienern – durchschleppen müssen. Zum Vergleich: Die Deutsche Bank hat mit einem mehrhundertfach geringeren verwalteten Kundenvermögen weltweit etwa 100 000 Beschäftigte und allein in Deutschland 27 800 Beschäftigte.

Corona-Politik beschleunigt Kapitalumfang und Gewinn

Schon vor der Pandemie-Politik hatten die besonders mächtigen und gewinnträchtigen Konzerne die Umverteilung der erwirtschafteten Werte vorangetrieben. Das konnten diese Konzerne mithilfe der Corona-Politik der westlichen Regierungen noch beschleunigen. Und BlackRock & Co. als führende Miteigentümer etwa von GAMFA – Google Apple Microsoft Facebook Amazon – waren hier ganz vorne dabei.

So konnte BlackRock durch milliardenschwere Zuflüsse an Kundenkapital den Umfang des angelegten, verwalteten Kapitals von 5,9 Billionen US-Dollar im Jahre 2018 auf 7,4 Billionen im Jahre 2019 steigern, bis Ende 2020 auf 8,6 Billionen und bis Mitte 2021 auf 9,5 Billionen US-Dollar. Im gleichen Maße stiegen die Gewinne für das Unternehmen BlackRock selbst (und seine Aktionäre wie Vanguard, State Street...) allein im zweiten Quartal 2021 um 28 Prozent. Und ähnlich für die Kunden.[21]

»America First«: BlackRock in der US-Regierung von Joe Biden

Wall Street – Großbanken, Unternehmensberater, Ratingagenturen, Finanzmedien, Wirtschaftskanzleien, Wirtschafts-»prüfer« – und die neuen Kapitalorganisatoren unterstützten in den USA seit den 1990er Jahren mehrheitlich die Demokratische Partei: Durch deren Deregulierungen unter Präsident Clinton waren sie noch freier und mächtiger geworden. Deshalb war BlackRock-Chef Fink als Finanzminister unter der Präsidentschaftskandidatin der Demokraten, Hillary Clinton, im Gespräch. Er hatte nach dem Ende der Regierung von Präsident Obama mehrere von dessen Mitarbeitern zu BlackRock geholt.[22]

Der seit 2021 amtierende US-Präsident Joe Biden hat mehrere hochrangige BlackRock-Manager in seine Regierung berufen:

- Brian Deese: Der Chef der BlackRock-Abteilung für weltweites nachhaltiges Investieren wird Chefökonom des Präsidenten.
- Wally Adeyemo war schon Chefberater von US-Präsident Obama für internationale Wirtschaftsbeziehungen, wechselte danach zu BlackRock, war Kanzleichef von Fink und ist seit 2014 Präsident der Obama-Stiftung; jetzt ist er unter Biden stellvertretender Finanzminister.
- Michael Pyle war unter Obama im Finanzministerium verantwortlich für Internationale Finanzbeziehungen. Dann wurde er Chef der globalen Investmentstrategie bei BlackRock, jetzt ist er Chefökonom für Vizepräsidentin Kamala Harris.
- Verteidigungsminister Lloyd Austin ist und bleibt gleichzeitig im Aufsichtsrat des drittgrößten Rüstungskonzerns der Welt Raytheon/USA, des größten US-Stahlkonzerns Nucor und des Gesundheitskonzerns Tenet Healthcare. Wahrscheinlich finden Sie es jetzt schon langweilig, wenn ich meiner der Wahrheit verpflichteten Chronistenpflicht nachgehe und erwähne: BlackRock, Vanguard, State Street und Norges sind Großaktionäre auch in diesen drei Konzernen.
- Tom Vilsack: der Landwirtschaftsminister wird in den USA »Mr. Monsanto« genannt. Als er dieselbe Funktion unter US-Präsident Obama innehatte, setzte er sich für die Genehmigung von Monsantos Agrargiften ein. Natürlich ist BlackRock Großaktionär bei Monsanto und des neuen Eigentümers von Monsanto, des deutschen Pharmakonzerns Bayer.

- Janet Yellen: Die Finanzministerin war vorher Chefin der US-Zentralbank Fed, die von niemand anderem als von BlackRock beraten wurde und wird.
- Biden selbst war von 1973 bis 2009 Senator für den US-Bundesstaat Delaware. Er trug dazu bei, dass Delaware zur wichtigsten Unternehmens-Finanzoase der Welt ausgebaut wurde – und damit auch als Instrument für BlackRock & Co. Das Kapital von BlackRock-Geldgebern ist in zehntausenden von Delaware-Briefkastenfirmen versteckt und anonymisiert.

BlackRock-Chef Fink: Obama ist gut, Trump ist gut, Biden ist gut

BlackRock-Manager hatten in der Regierung von Barack Obama wichtige Posten eingenommen. Als nach Obamas Präsidentschaft Hillary Clinton die Präsidentschaftskandidatin der Demokratischen Partei war, galt BlackRock-Chef Fink als ihr zukünftiger Finanzminister. Aber als Donald Trump die Wahl gewann, wurde Fink Mitglied in dessen Business Council (Wirtschaftsrat). Fink war bald auch von diesem Präsidenten überzeugt, und nach der Senkung der Unternehmenssteuern erklärte Fink öffentlich: »Trump ist gut für Amerika.«[23]

Für BlackRock & Co. ist es ziemlich egal, wer die US-Supermacht in der politischen Öffentlichkeit repräsentiert: Das Prinzip »America First« gilt immer.

Weitere Gewinn-Werkzeuge

BlackRock & Co. haben seit der Finanzkrise auch die traditionellen Großbanken abgelöst: BlackRock & Co. sind heute die führenden Eigentümer auch der regulierten Großbanken wie Goldman Sachs, Société Générale, Deutsche Bank und Commerzbank, aber auch etwa aller großen Digitalkonzerne wie Amazon, Google, Apple, Microsoft und Facebook. Trotzdem haben es BlackRock & Co. geschafft, der breiten Öffentlichkeit so gut wie unbekannt zu bleiben.

BlackRock vereint folgende Eigenschaften und Praktiken:

- Ultraliberale Unternehmensverfassung nach dem Recht der Finanzoase Delaware
- Status als unregulierte »Schattenbank«
- das einzigartige Volumen des eingesetzten und gesteuerten Kapitals von aktuell 9 Billionen US-Dollar
- Zehntausende Multimillionäre und Multimilliardäre aller Länder als Kunden
- die einzigartige Insider- und Monopol-Stellung als gleichzeitiger Großaktionär in 18 000 Konzernen, Banken, Finanzdienstleistern und auch Beraterfirmen
- Größter Aktienbesitzer in den USA, Großbritannien, Frankreich, Deutschland, Schweiz, Belgien usw.
- BlackRock als weltweit führender Ausgeber und Stimmrechtsvertreter der neuen »Volks«aktie Exchange Traded Funds (ETF; s. Seite 115 ff.)
- BlackRock-Topmanager in der US-Regierung von Barack Obama, seit 2021 drei BlackRock-Topmanager in der Regierung von Joe Biden
- Beraterfunktion bei der US-Nationalbank Federal Reserve, bei der Europäischen Zentralbank EZB, weiteren Zentralbanken und bei der Europäischen Kommission
- mit ALADDIN das größte Erfassungs- und Auswertungs-

system der westlichen Welt für Finanz-, Wirtschafts- und Politikdaten
- Tochterunternehmen in 30 der wichtigsten kapitalistischen Staaten
- Globales Netz von Lobbyisten und hochbezahlten Einfluss-Agenten.

Kreuzweise Verflechtung von BlackRock, Vanguard & Co.

Oft wird auch in »kritischen« Kreisen behauptet: BlackRock & Co. könnten gar nicht so großen Einfluss haben, weil sie doch immer nur 3 oder 5 oder höchstens 10 Prozent der Aktien von Deutsche Bank und Siemens und Amazon und Tesla besitzen. So argumentierte auch der langjährige Cheflobbyist von BlackRock in Deutschland, der CDU-Politiker Friedrich Merz.

Die Aktionäre von BlackRock

Diese Zahlen stimmen, sind aber nicht einmal die halbe Wahrheit. Denn: BlackRock ist mit dem nächsten Dutzend ähnlicher Kapitalorganisatoren durch gegenseitige Eigentümerschaft verflochten:

- Vanguard ist mit 10 Prozent der größte Aktionär von BlackRock: Der zweitgrößte Kapitalorganisator der westlichen Welt ist also auch der größte Aktionär des größten Kapitalorganisators der westlichen Welt, dann folgen:
- BlackRock selbst mit eigenen Aktien von 8,1 Prozent,
- Capital World mit 5,7 Prozent,
- State Street mit 5,2 Prozent,
- Temasek mit 4,8 Prozent,

- und der sich neuerdings etwas sozialer gebende norwegische Staatsfonds Norges. Dieser hat 2020 seine Aktienanteile reduziert, will aber mit knapp 2 Prozent im großen Boot dabeibleiben.[24]

Die Aktionäre von Vanguard

Und die Eigentümerschaft läuft genauso gut kreuzweise, in die Gegenrichtung. Deshalb heißen die Großaktionäre des BlackRock-Großaktionärs Vanguard, wie aus dem neokapitalistischen Bilderbuch, genauso:

- BlackRock mit 13,4 Prozent: Der größte Kapitalorganisator der westlichen Welt ist also zugleich der größte Aktionär des zweitgrößten Kapitalorganisators der westlichen Welt,
- Vanguard hat an sich selbst 9,2 Prozent der Aktien,
- Dimensional Fund mit 7,9 Prozent,
- T. Rowe Price mit 6,6 Prozent,
- Perkins mit 4,6 Prozent,
- Wellington mit 4,5 Prozent,
- State Street mit 2,2 Prozent.[25]

Die Aktionäre von State Street, Capital World …

Damit es nicht zu langweilig wird, verzichte ich an dieser Stelle darauf, die Aktionäre der dritt-, viert- und fünftgrößten Kapitalorganisatoren aufzulisten. Aber das lässt sich im digitalen Bilderbuch des Neokapitalismus alles schnell nachverfolgen.

Es liegt ja »eigentlich« alles offen, alles ganz schnell zugänglich – man muss nur mal im Internet selbst suchen, statt nur in die *Tagesschau* und in das *heute journal* zu glotzen oder dem Geschwätz der Finanzminister wie Schäuble und Scholz zu lauschen.

Absprachen zwischen den größten Kapitalorganisatoren

Und diese untereinander verflochtenen Kapitalverwalter sprechen sich für Entscheidungen in den gemeinsamen Unternehmen ab, etwa vor den jährlichen Aktionärs-Versammlungen.

Es ist ja leicht vorstellbar: Wie sollen die paar Topmanager von BlackRock sich um die 18 000 jährlichen Aktionärsversammlungen kümmern? Wenn BlackRock & Co. nicht selber hingehen wollen, haben sie für die Mehrheit der Konzerne ihre Beauftragten: Für die Koordination des Abstimmungsverhaltens beauftragen insbesondere die Big Three BlackRock, Vanguard und State Street gemeinsam die Finanzagenturen Institutional Shareholder Services (ISS) und Glass Lewis: Die sitzen dann unscheinbar in den Hauptversammlungen und stimmen ab, wie vereinbart.

Wahre Macht und populistische Macht-Märchen[26]

Erst diese Kombination schafft Macht. Daraus wird deutlich, dass es im Kapitalismus für die Machtausübung nicht reicht, einfach nur reich oder superreich, Multimillionär oder Multimilliardär zu sein: Mit solchen populistischen Märchen über das Leben der High Society – dazu gehören auch die ausufernden Berichte über die europäischen Monarchien, insbesondere die britischen Royals – werden die KonsumentInnen der Massenmedien unterhalten und desinformiert.

Die Scheidungsgeschichten etwa der Multimilliardäre Jeff Bezos (Amazon) und William (»Bill«) Gates (Microsoft) beschäftigen sich mit der Frage: Wie viele Milliarden bekommt die geschiedene Ehefrau? Was wird sie damit anfangen? Sie ist doch so sympathisch. Und darüber berichten und spekulieren mitfühlend in Deutschland nicht nur der selbsternannte mediale Anwalt des »kleinen Mannes« und der nackten Frau, die *Bild*-Zeitung, sondern auch die verdummenden Leitmedien für das gehobene akademische Milieu wie die *FAZ*. Über die Aktionäre von Amazon und Microsoft erfahren die KonsumentInnen nichts, weder die *Bild*- noch die *FAZ*-Leser.

Was dadurch verdrängt wird: Erst durch die weithin verdrängte Mehrfachpräsenz von BlackRock & Co. in Unternehmen, Banken, Zentralbanken, Finanzinstitutionen, Regierungen und die vielgestaltige systemische Mehrfachvernetzung untereinander erlangen die Kapitalisten wirkliche Macht und steigende Gewinne für sich selbst und für ihre superreichen Kunden.

Wie presst BlackRock die Supergewinne heraus?

Durch seine Freiheit als Schattenbank und seine mit den Staaten und Medien vernetzte Machtstellung presst BlackRock höhere Gewinne heraus als traditionelle Unternehmen, Banken und Vermögensverwalter: 10 statt 3 Prozent im Jahr.[27]

Neue Monopole und Oligopole

BlackRock & Co. sind die bestimmenden Aktionäre in den wichtigsten Unternehmen derselben Branchen, also gleichzeitig in den wichtigsten Banken, den wichtigsten Pharma-, Öl-, Agrobusiness-, Automobil-, Logistik-, Flug-, Rüstungs- und Digitalkonzernen, und dies sowohl im ganzen kapitalistischen Westen wie auch jeweils in den wichtigsten Einzelstaaten wie etwa in den USA, in Deutschland, Frankreich, Großbritannien und in der Schweiz.

Dies bedeutet zum einen eine neue Art der Monopolbildung, etwa wenn BlackRock, Vanguard, State Street & Co. gleichzeitig, in wechselnder Zusammensetzung, die neuen Großaktionäre der wichtigsten Wall-Street-Banken sind, zum Beispiel in Deutschland gleichzeitig Aktionäre der beiden größten Banken sind, also der Deutschen Bank und der Commerzbank. Oder so: BlackRock & Co. sind, wieder in wechselnder Zusammensetzung, gleichzeitig bestimmende Aktionäre in den 30 DAX-Konzernen Deutschlands, in den 40 CAC-Konzernen Frankreichs und den 500 S & P-Konzernen der USA. Diese neue Art der Monopolbildung wird durch keines der überalterten Kartellgesetze westlicher Staaten erfasst.

In der etablierten Wirtschaftswissenschaft wird das unter dem neutralen und verharmlosenden Begriff der *Common Ownership* abgehandelt: gleichzeitige Eigentümerschaft – ok, aber ist das gut oder schlecht? Und wie sieht die sonstige vielfältige Vernetzung aus?

Fusionen und Übernahmen

Eine andere Form der Monopol- oder Oligopolbildung sind Fusionen und Übernahmen. BlackRock & Co. können dies umso leichter betreiben, als sie ja gleichzeitig Miteigentümer in den wichtigsten Unternehmen derselben Branche sind: national wie international.

So sind BlackRock & Co. gleichzeitig die Großaktionäre etwa der beiden Chemiekonzerne Bayer in Deutschland und Monsanto in den USA. Die größten Aktionäre von Bayer waren während der Übernahme 2016–2020 von Monsanto, in dieser Reihenfolge: BlackRock, Sun Life Financial, Capital World, Vanguard, Deutsche Bank. Die größten Aktionäre von Monsanto waren, in etwas anderer Reihenfolge: Capital World, Vanguard, BlackRock, State Street, Fidelity, Sun Life Financial. Zugleich ist BlackRock auch Aktionär der Deutschen Bank.

Durch die Übernahme entstand der weltweit größte Konzern der Agrochemie: Er bündelt die Marktführerschaften bei Saatgut, bei Pestiziden, bei Agrarpatenten und bei den weltweiten Daten über Bauern, Agrarunternehmen und Agrarmärkte. Und selbstverständlich sind BlackRock & Co. auch Großaktionäre anderer Agrar- und Chemiekonzerne wie BASF, LG Chem (Südkorea), Akzo Nobel (Niederlande) sowie Pfizer und Dupont (USA).

So wird jedes Mal Wettbewerb ausgeschaltet, werden zehntausende Arbeitsplätze abgebaut, werden Preise erhöht.

Dark Pools

BlackRock, State Street, Fidelity und andere betreiben sog. Dark Pools: unregulierte Handelsplätze für Großinvestoren, außerhalb der regulierten Börsen. Der Begriff ist rechtlich so diffus wie Shadow Banks (»Schattenbanken«): Dunkle Geschäfte ganz in der Geheimregie von BlackRock & Co.[28]

Systemisches Abgreifen von Staats-Subventionen

BlackRock & Co. propagieren die Selbstorganisation des »Marktes«, sowohl national wie international. Aber diese kapitalistische Selbstorganisation funktioniert immer mehr dadurch, dass die Staaten und Steuerzahler die kapitalistischen Unternehmen dauer-subventionieren und bei spekulativ verursachten Bankrotten sogar retten:

- BlackRock & Co. als Großaktionäre aller international wichtigen Fluggesellschaften – Deutsche Lufthansa, Ryan Air, in den USA bei den vier größten Southwest, Delta, American und United – werden auch in Deutschland von der Mehrwertsteuer für Flugbenzin/Kerosin befreit. Das ist zudem eine systemwidrige Ausnahme und fördert die Umweltzerstörung. Allein der deutsche Staat subventioniert das mit 8,3 Mrd. Euro jährlich; internationale Flüge subventioniert der deutsche Staat ebenfalls durch systemwidrigen Mehrwertsteuer-Erlass darüber hinaus mit 4,2 Mrd. Euro.[29]
- In allen wichtigen EU-Staaten werden die mit den Corona-Pandemie-Maßnahmen abstürzenden Auto-Konzerne mit Milliarden an Kurzarbeitergeld subventioniert – und damit auch die hohen Gewinnausschüttungen an BlackRock & Co.
- Für Neuansiedlungen von Tochterbetrieben erhalten Konzerne wie Amazon, Tesla usw. in den USA genauso wie in Deutschland und anderen EU-Staaten staatliche Subventionen. Deshalb brauchen die Großaktionäre wie BlackRock ihre Gewinne aus Dividenden und Aktienspekulationen nicht in die Betriebsgründungen zu reinvestieren.
- Wenn MieterInnen die Miete nicht mehr zahlen können, übernimmt in vielen Fällen der Staat einen Teil (Wohngeld); dies trifft z.B. auch für Mieter des Vonovia-Wohnungskonzerns in Dresden und Leipzig zu.[30]

Rechtsbrüche

BlackRock & Co. und ihre Unternehmen und Banken kümmern sich, vor allem außerhalb der USA, nicht unbedingt um die geltenden Gesetze. Sie schaffen Tatsachen. »Disruptive

Innovation« lautet die Parole: »Innovationen, die bisherige Grenzen sprengen«.

Beim Betrugs-Konzern Wirecard hat BlackRock mit den jahrelang auf- und absteigenden Aktienwerten hohe Spekulationsgewinne eingefahren. Trotzdem wurde der in diesem Konzern mehrfach präsente Aktionär BlackRock nie auch nur genannt, weder von den Mitgliedern des Untersuchungsausschusses des Bundestages noch von den Leitmedien noch von der Staatsanwaltschaft. Selbst bei offenliegender Kriminalität tun die BlackRock-Manager unbeteiligt, und Regierung, Justiz, »kritische« Öffentlichkeit und auch Gewerkschaften und Parteien lassen BlackRocks Beteiligung außen vor. (s. Seite 15 ff.)

BlackRock-Manager wissen, zuletzt aus dem Fall Wirecard: Die deutsche Finanzaufsicht BaFin ist weder technisch noch personell noch politisch so ausgestattet, dass die Einhaltung der deutschen Finanzgesetze gewährleistet ist und dass Gesetzesbrüche aufgespürt werden können. Das wird ausgenutzt. 2015 verhängte die BaFin ein Bußgeld von 3,25 Millionen Euro gegen BlackRock. Der Vermögensverwalter hatte im Jahr 2013 bei seinen teilweise täglichen, spekulativen Käufen und Verkäufen von Lufthansa-Aktien die gesetzlichen Meldepflichten laut Wertpapierhandelsgesetz verletzt: Zu späte Meldungen verschafften dem Spekulanten BlackRock Vorteile gegenüber anderen Spekulanten. Die BaFin hatte im Fall Lufthansa unter großem Aufwand diese einmalige Stichprobe unternommen, BlackRock zahlte ohne Protest und ohne Zögern sofort das Bußgeld. Eine solche Stichprobe hat die BaFin danach nicht mehr unternommen, auch nicht, wie gesehen, im Fall Wirecard, obwohl hier sehr viel mehr Hinweise auf Gesetzesverletzungen schon jahrelang bestanden.[31]

Zum Beispiel in Deutschland lässt BlackRock das Aktienrecht einfach beiseite: Man entsendet als Großaktionär keine Vertreter in den Aufsichtsrat. Das wird dann heuchlerisch damit begründet: Wir wollen gar keinen Einfluss nehmen. Aber: Stattdessen setzt BlackRock sein *Stewardship Team* ein: diese Kampftruppe besucht die Vorstandsmitglieder der Unternehmen persönlich oder lädt sie einzeln alle paar Monate zum Rapport in die USA ein. BlackRock-Chef Fink ist besonders intensiv mit solchen persönlichen Treffen befasst, zudem auch bei Regierungschefs. Johannes Teyssen, der Vorstandvorsitzende des Stromkonzerns E.ON, drückte das so aus: »Die lassen uns antanzen.«[32]

Der Autokonzern Tesla baut mit Hochdruck seine neue Produktionsstätte für Elektroautos und Elektrobatterien in Grünheide/Deutschland ohne endgültige Baugenehmigung. Zudem ließ Tesla – Chef Elon Musk kam persönlich vorbei – wochenlang Trink- und Abwasserleitungen verlegen, sogar ohne eine vorläufige Baugenehmigung.[33]

Der zweitgrößte private Wohnungskonzern in Deutschland ist die Deutsche Wohnen AG. Der größte Aktionär ist BlackRock. Der Vorstandsvorsitzende Michael Zahn erklärt: Die Initiative »Deutsche Wohnen enteignen« habe »mit Rechtsstaatlichkeit nichts zu tun«.[34] Das Grundgesetz mit der Verpflichtung des Privateigentums auf das Allgemeinwohl gehört für führende Angestellte von BlackRock-Unternehmen nicht zur Rechtsstaatlichkeit. (Zur Rolle von BlackRock & Co. in den 5 größten Wohnungskonzernen Deutschlands s. Seite 131 ff.).

Privat organisierte Digitalisierung

BlackRock & Co. sind die bestimmenden Aktionäre der großen Digitalkonzerne Google, Amazon, Apple, Microsoft, Facebook und vieler weiterer Unternehmen, sobald sie ihren Erfolg stabilisieren und dauerhaft hohe Gewinne machen. Das gilt auch für solche Konzerne wie die der Automobil- und Logistikbranchen, die mit Künstlicher Intelligenz (KI) selbstfahrende Pkws, Lkws und Lieferdrohnen entwickeln, auch etwa Tesla. Selbstverständlich gilt dies auch für die Rüstungskonzerne.

Das Management der Corona-Pandemie durch die westlichen Regierungen hat die Expansion der Digitalkonzerne weiter sprunghaft vorangetrieben, nicht zuletzt durch Staatsaufträge für das Gesundheitswesen, die öffentliche Verwaltung, für Schulen und Universitäten und die staatliche Kommunikation. Davon profitieren BlackRock & Co. an erster Stelle: Mit der Corona-Politik stiegen die Gewinne von BlackRock selbst wie auch der Umfang des angelegten Kapitals: Der Gewinn stieg im ersten Quartal 2021 um 28 Prozent, das angelegte Kapital beträgt jetzt 9,5 Billionen US-Dollar. Und damit stiegen auch die Gewinne für die anonymen reichen Kunden.[35]

ALADDIN: Roboterisierte Spekulation und Energieverbrauch

Die Digitalisierung mithilfe der Künstlichen Intelligenz greift längst auch im Finanzwesen. BlackRock & Co. warten nicht gespannt wie traditionelle Aktionäre auf die am Jahresende beschlossene und ausgezahlte Dividende. Die wird auch mitgenommen, aber das viel einträglichere Geschäft ist die das ganze Jahr über laufende Spekulation mit den Aktien. Jede Bewegung des Aktienwerts – egal ob rauf oder runter – wird zur Spekulation genutzt.

Der Vorteil, dass BlackRock der größte Insider der

westlichen Wirtschaft ist, wird gesteigert durch die Tochterfirma ALADDIN: Die Abkürzung steht für *Asset Liability and Debt Derivative Investment Network*. Dies ist die größte Erfassungs- und Verwertungsanlage für Finanz-, Unternehmens-, Konjunktur- und Politikdaten.[36] Im Nano-Sekundenbereich werden die Werte aller Aktien und sonstigen Wertpapiere an allen Börsen der Welt zwischen Tokio, Singapur, Tel Aviv, Frankfurt, Paris, Buenos Aires, Ottawa und New York gleichzeitig erfasst, miteinander abgeglichen und weitgehend roboterisiert ausgewertet, gekauft, verkauft. Durch zusätzliche Käufe und Verkäufe, verstärkt durch Leihaktien, können Auf- und Abwärtsbewegungen der Wertpapiere beschleunigt und zur Spekulation – schneller und gewinnbringender als bei Konkurrenten und Kleinspekulanten – genutzt werden. Wenn etwa eine Aktie aufgrund von Skandalen wie bei Wirecard oder bei einer sich über Jahre hinziehenden Fusion wie bei Bayer/Monsanto ständig auf- und absteigt – dann ist dies das ideale, gewinnträchtige Geschäftsfeld für BlackRock.

Wenn dabei nationale Meldegesetze verletzt werden – in Deutschland etwa das Wertpapierhandelsgesetz –, dann sind die Finanzaufsichten wie die BaFin technologisch und personell nicht in der Lage, die dafür nötige Kontrolle auszuüben.[37] Außerdem ist BlackRock noch Aktionär von kleineren Finanzdienstleistern, die mithilfe von ALADDIN roboterisierten Wertpapierhandel anbieten. In Deutschland ist dies nach Wirecard etwa Scalable Capital mit Sitz in München.

Über 150 Vermögensverwalter kaufen Dienstleistungen bei ALADDIN, erstens natürlich die Mitglieder im Spitzenclub von Vanguard & Co., dann aber auch andere Finanzakteure wie Banken, Hedgefonds, Unternehmen, Versicherungen, Unternehmensstiftungen, Pensionskassen – und nicht zuletzt die großen Zentralbanken wie die Fed, die Bank of England und die EZB.

Die meisten der etwa 6000 Super-Computer, die die roboterisierten Rechnerleistungen von ALADDIN erbringen, liegen in einem riesigen Feld inmitten einer Region, die berühmt ist wegen ihrer Apfel-Plantagen. Das Feld liegt 4400 Kilometer nördlich des New Yorker Sitzes von BlackRock: Die Verlegung dieser Leitungen und der Betrieb in der weithin menschenleeren Gegend im Nordwesten der USA nahe der kanadischen Grenze beim Kleinstädtchen Wenatchee (30 000 Einwohner) lohnt sich: Denn hier am Columbia River ist der Strom, den der Superrechner zu seiner Kühlung braucht, um ein paar Cent pro Kilowatt billiger als in New York.

Der Energieverbrauch der Digital-Konzerne mit den dicken Kabeln zwischen den Kontinenten und für die neuen Speicher (Clouds), die z. B. von Amazon (Amazon Web Services/AWS) und Microsoft auf- und ausgebaut werden, nicht zuletzt auch für das Militär und die Geheimdienste – dieser Energieverbrauch ist bisher nicht in das Visier des angeblich so ehrgeizigen EU-Umweltprogramms geraten. Und auch BlackRock-Chef Fink ist in seinen vielen Nachhaltigkeitserklärungen noch nicht auf ALADDIN zurückgekommen.

Beihilfe zur globalen Steuerflucht

Zur höheren Rendite für die Kapitalgeber gehört BlackRocks organisierte Steuerflucht zugunsten seiner vermögenden Kapitalgeber, der HNWI und UHNWI.

So sind etwa die 5 Prozent der von BlackRock vertretenen Aktien am Braunkohle-Konzern RWE auf 154 Briefkastenfirmen in einem Dutzend Finanzoasen zwischen Delaware, den Cayman Islands und Luxemburg verteilt. Die Briefkastenfirmen tragen Namen wie BlackRock Holdco 6 LLC. Damit werden die eigentlichen wirtschaftlich Berechtigten, die superreichen Kapitalgeber anonymisiert, werden vor Finanz- und Börsenaufsichten, Finanzämtern, den Beschäftigten, der Öffentlichkeit zum Verschwinden gebracht: Organisierte Verantwortungslosigkeit.

Wirtschafts»prüfer« und Wirtschafskanzleien verfassen für die einzelnen Kapitalgeber die Verträge mit den Treuhändern der Briefkastenfirmen.[38]

So machen BlackRock & Co. das in allen Unternehmen, in denen sie Aktien haben. Damit werden zudem die betroffenen Staaten zusätzlich verarmt, die öffentliche Infrastruktur verfällt, dagegen werden private und teure Infrastrukturen ausgebaut: Schulen, Hochschulen, Fortbildung, Energie, Nah- und Fernverkehr …

Privatisierte Rente

BlackRock setzt sich bei der EU und bei Regierungen über seine Einflussagenten für die – natürlich auch steuerlich subventionierte – privatisierte Rente ein, mithilfe des Finanzproduktes ETF *(Exchanged Traded Funds)*. Bei dieser Art »Volksaktie« führen BlackRock und Vanguard den Weltmarkt an: Die durch *Working Poor* verarmten Beschäftigten sollen sich nebenbei aus dem Geld, das sie nicht haben, noch die Rente aufbessern. Aber auch junge Menschen, die schon resigniert haben und keine staatliche Rente erwarten, werden als ETF-Käufer umworben. Weil BlackRock aber weiter der rechtliche Vertreter der »Volksaktie« in den Unternehmen bleibt, erweitert BlackRock damit seinen Einfluss in den Unternehmen sowie das Volumen, das für Aktienspekulation zur Verfügung steht. (s. Seite 115 ff.)

Mieten-Explosion

BlackRock als gleichzeitiger Aktionär der fünf größten Wohnungskonzerne in Deutschland – Vonovia, Deutsche Wohnen, LEG, Grand City Properties, TAG – profitiert von der Steigerung von Mieten und Nebenkosten. Damit wird einerseits die Wohnungs-Spekulation gefördert, andererseits werden die abhängig Beschäftigten, die mehrheitlich weniger verdienen, mit höheren Mieten und Nebenkosten noch mehr belastet. (s. Seite 131 ff.)

Umwelt-Zerstörung, Aufrüstung, alte und neue Kriege

BlackRock ist Aktionär bei den wichtigsten Kohle-, Braunkohle-, Öl-, Pharma-, Agrobusiness-, Automobil- und Versicherungs-Konzernen in den USA und in der Europäischen Union. BlackRock verhindert durch die hohen Gewinnentnahmen damit auch die notwendigen umweltfreundlichen Innovationen bei Verkehr und Energie und gefährdet das Überleben der Menschheit. Neu aufgelegte Umwelt-Fonds sind nur eine Zugabe von vergleichsweise sehr geringem Umfang, während ungleich größere Eigentumsanteile an den Konzernen der fossilen Energien weiter gehalten werden.

BlackRock, Vanguard & Co. sind zudem die größten Aktionäre der führenden Rüstungskonzerne – auch in denen der

Atombombenproduktion – in den USA und in der EU: Boeing, Lockheed, Northrop, General Dynamics, Raytheon (USA), BAE (Großbritannien), Rheinmetall (Deutschland), Leonardo (Italien) und weitere. BlackRock & Co. nutzen Aufrüstung, militärische Interventionen und Kriege der USA und von EU-Staaten als Profitquelle und befördern die globale Kriegsgefahr.

Zu den Praktiken gehört die Umgehung von Exportbeschränkungen – aktuell etwa bei den Kriegen im Jemen und in Libyen – durch Lieferungen an kriegführende Parteien wie Saudi-Arabien. BlackRock hat sich aus keinem der genannten Konzerne zurückgezogen.

Für die meisten wichtigen Entscheidungen fragt BlackRock nicht um die Genehmigung: Fusionen, Entlassungen, Steuerflucht, Rohstoff- und Getreidespekulation, Ausgabe neuer Finanzprodukte wie ETF, Betrieb von *Dark Pools* (nicht den Finanzaufsichten unterliegende Börsen und Handelsplätze) – alles wird in eigener Machtvollkommenheit erstmal durchgezogen. Motto: Erstmal Fakten schaffen. Wie es auch Tesla (natürlich ist BlackRock Aktionär) macht: in Grünheide, einer gezielt als strukturschwach ausgesuchten Region, wird im Eiltempo die neue Autofabrik hochgezogen, ohne Baugenehmigung: Erstmal Fakten schaffen! Erstmal schon 1000 Leute einstellen: Mal sehen, ob die schwache deutsche Landesregierung die Fabrik wieder abreißen lässt!

Wachstum? Wir wachsen, aber Ihr nicht!

Vielfach wird der Kapitalismus deshalb heftig kritisiert, weil er »ständiges Wachstum« wolle. Doch das stimmt spätestens seit BlackRock & Co. nur noch bedingt.

Zum Beispiel: Die EU ist eine Organisation zugunsten des Privateigentums. Aber die Armut in der Mehrheitsbevölkerung selbst in den reichen 6 Gründungsstaaten Bundesrepublik Deutschland, Frankreich, Belgien, Luxemburg, Niederlande und Italien wird immer größer. Und in den neuen EU-Staaten Osteuropas wächst die Armut der Mehrheitsbevölkerungen noch mehr. Fast ein Drittel der Bevölkerungen ist vor der Armut geflohen und ausgewandert, auf Dauer oder zeitweise und verdingt sich zu prekären Bedingungen im Ausland.

BlackRock & Co. kaufen in der EU die vorhandene wirtschaftliche Substanz und verwerten sie. Das Einkommen, die Bildung, die Sicherheit der Arbeit und des Wohnens und des Lebens sinken ab, unterschiedlich in den immer mehr sozial zersplitterten Gruppen und Klassen. Und wenn wir noch die Auslagerungen und globalen Lieferketten einbeziehen, die von BlackRock & Co. organisiert werden: Wachstum in den Ausgangsstaaten?

Nur BlackRock & Co. und ihre KapitalgeberInnen und vielen (halb-)privilegierten MittäterInnen und öffentlichen und privaten HelferInnen haben etwas von dieser Art Wachstum. Die Digitalgiganten: Wachstum! Die Rüstungskonzerne: Wachstum! Die Impfstoffhersteller: Wachstum! Einkommen und Vermögen von Merz & Co.: Wachstum! Frauen in Vorstands- und Aufsichtsratsposten und als Verteidigungsministerinnen und EZB- und Weltbank-Präsidentinnen: Wachstum! Aber Arbeitseinkommen und Renten für die Mehrheit der Frauen im BlackRock & Co.-Kapitalismus? Kein Wachstum![39]

China gewinnt Systemwettbewerb, BlackRock & Co wollen mitgewinnen

Armut in den ehemaligen Kolonien, in den neokolonial ausgebeuteten Regionen Afrikas und Lateinamerikas und zunehmend auch der eigenen Bevölkerungen einschließlich der Mittelschichten der reichen Metropolen – das haben die alten westlichen Kapital-Demokratien lange hingenommen, am längsten und am brutalsten im westlichen Führungsstaat USA.

Aber mit der Volksrepublik China ist in wenigen Jahrzehnten eine Alternative entstanden: Die inzwischen größte Volkswirtschaft der Erde hat etwa 800 Millionen feudal, kolonial und kapitalistisch verarmte Menschen in eine wirtschaftliche Aufwärtsentwicklung gebracht, im Gegensatz zum kapitalistischen Westen und zu den von ihm abhängigen Entwicklungsländern wie etwa Indien und Brasilien. In China steigen seit mindestens drei Jahrzehnten nachhaltig die Arbeitseinkommen der Mehrheit und des Mittelstands, die Zahl der Sozialversicherten nimmt zu (Arbeit, Gesundheit, Rente), die Infrastruktur für Wohnungen, neue Städte, bodengebundene Massenverkehre, kostenlose Bildung wird ausgebaut.

Zu dieser innerstaatlichen Entwicklung kommt die alternative »inklusive Globalisierung«: Auf allen Kontinenten, auch etwa in einer wachsenden Zahl von Staaten der Europäischen Union, wächst die Zustimmung für die Vielfach-Investitionen der Neuen Seidenstraße. Diese Art Globalisierung geht – und das ist ein ganz wesentlicher Unterschied – mit der Achtung des Völkerrechts einher. Ohne militärische Begleitung, ohne einen globalen Kranz von etwa 800 Militärstützpunkten, ohne ständig vor entfernten Küsten patrouillierende Großkampfschiffe, ohne verdeckte oder offene militärische Interventionen.

Nicht zuletzt zeigte die Bekämpfung der Corona-Pandemie: China gewinnt den Systemwettbewerb. Dagegen sieht der wirtschaftlich, technologisch und politisch absteigende, von den USA geführte Westen – zumindest bisher – als Ausweg vor allem die Aufrüstung gegen China und deren wichtigste Kooperationspartner Russland und Iran.[40]

BlackRock & Co streichen als Aktionäre der wichtigsten westlichen Rüstungskonzerne v.a. in den USA (Lockheed, Boeing, Raytheon, General Dynamics...), aber auch in Großbritannien (BAE Systems), Italien (Leonardo), Frankreich (Thales-Raytheon, Dassualt, Safran) und Deutchland (Rheinmetall) die steigenden Gewinne ein.

Gleichzeitig bemühen sich BlackRock & Co. weiter, sich an führenden Unternehmen Chinas zu beteiligen und Lizenzen für Finanzgeschäfte in China zu bekommen. Dabei werden staatliche Regulationen in Kauf genommen, die man im Westen bekämpft. Der Wettbewerb und Kampf der Systeme ist vielgestaltig und keineswegs entschieden.

Die zivile Privatarmee

Neben der direkten Präsenz von BlackRock-Managern in der US-Regierung haben BlackRock & Co. ein tiefgestaffeltes, vielfältiges Netzwerk zur politisch-medialen Absicherung ihrer Praktiken ausgebaut: Eine zivile Privatarmee mit vielen Abteilungen ist sichtbar und auch weniger sichtbar im Dauer-Einsatz. Auch hier verdeutlichen wir das Vorgehen vor allem anhand von BlackRock.

Der Chef macht ein bisschen selbst

BlackRock-Chef Laurence Fink (Chief Executive Officer / CEO) agiert selbst als Einflussagent, allerdings diskret, außerhalb der Öffentlichkeit. Fink kommt in keine Talk Show:

- Direktor im Council on Foreign Relations (CFR), dem öffentlichen außenpolitischen Strategieforum der USA; der CFR ist seit einem Jahrhundert in Washington eine private Organisation mit Mitgliedern aus Wirtschafts-, Finanz-, Medien- und Wissenschaftswelt. Der CFR organisiert öffentliche und nicht-öffentliche Veranstaltungen und gibt die international einflussreiche Zeitschrift *Foreign Affairs* heraus
- Fink war Mitglied im Business Council von US-Präsident Donald Trump
- Fink ist einer der Star-Redner beim jährlichen Weltwirtschaftsforum (WEF) in Davos/Schweiz, insbesondere zum Thema »nachhaltiger« Kapitalismus.

Geheim-Treffen mit den deutschen Finanzministern

Fink legt Wert darauf, Staats-, Regierungs- und Konzernchefs persönlich zu treffen, dazu wird, in Ausnahmefällen, höchstens die Tatsache der Treffen bekannt, das Datum, aber nicht der Ort und nicht der Gegenstand. Das gilt etwa für die zum Teil mehrmaligen Treffen Finks und seiner Cheflobbyistin Barbara Novick seit 2015 mit den deutschen Finanzministern Wolfgang Schäuble (CDU), Olaf Scholz (SPD), dem Finanzstaatssekretär Jörg Kukies (SPD), dem Außenminister Sigmar Gabriel (SPD), dem Chef des Bundeskanzleramts Helge Braun (CDU) – an einigen dieser Treffen war auch Friedrich Merz beteiligt; diese Treffen wurden erst auf Nachfrage der Linken im Bundestag genannt, allerdings ohne Angabe des Ortes. Als Gesprächsgegenstand wurde jedes Mal dasselbe angegeben: »Aktuelle Finanzmarktfragen«.[41]

Hochbezahlte Einfluss-Agenten

BlackRock unterhält in allen wichtigen Staaten außerhalb der USA eigene Filialen mit jeweils mehreren hundert Managern: so in Großbritannien, Deutschland, Frankreich, Mexiko, Hongkong, Singapur, Japan. Gleichzeitig sind führende Persönlichkeiten aus diesen Staaten – vor allem Ex-Minister und Ex-Konzernchefs – als bezahlte Einflussagenten im Einsatz. Sie erhalten hochdotierte Beraterverträge und/oder Sitze in Aufsichtsräten von Unternehmen, in denen BlackRock Großaktionär ist. Einige Beispiele:

- George Osborne: Als Finanzminister der britischen Tory-Regierung bis 2016 sorgte er für harte Kürzungen im Sozialsystem. Danach wurde er Chefredakteur und seit

2020 Herausgeber der Londoner Tageszeitung *The Evening Standard* (Auflage 800 000) und zugleich auch BlackRock-Lobbyist mit 650 000 Pfund-Jahresvertrag. In Brüssel setzte er sich bei der Europäischen Kommission erfolgreich für die von BlackRock forcierte private ETF-Rente ein. (s. Seite 115 ff.)

- Philipp Hildebrand*:* Ex-Präsident der Schweizerischen Nationalbank: Chef der BlackRock-Europazentrale in London
- Jean-Francois Cirelli*:* Ex-Chef der größten französischen Energiekonzerne GDF/Suez/Engie: Chef von BlackRock France
- Marco Antonio Slim Domit*:* Sohn des reichsten Mexikaners, Carlos Slim: Mitglied im Aufsichtsrat von BlackRock
- Gerardo Rodriguez Regordosa, Ex-Staatssekretär im Finanzministerium Mexikos, BlackRock-Chef für Investitionen in Entwicklungsländern.

Einfluss-Agenten in Deutschland

BlackRock ist der größte Eigentümer von Unternehmens- und Bankanteilen in Deutschland: Anteile an allen 30 DAX-Konzernen und mehr als hundert weiteren Unternehmen. In Frankfurt/Main und in München unterhält BlackRock seine zwei Deutschland-Filialen mit mehreren hundert festangestellten Managern: Sie wurden von europäischen Großbanken abgeworben. So kommt der aktuelle Chef der BlackRock Deutschland AG, Dirk Schmitz, von der Deutschen Bank, sein Vorgänger Christian Staub, der Friedrich Merz eingestellt hatte, von der Schweizer Großbank UBS.

Darüber hinaus bezahlt BlackRock in Deutschland eine Reihe Einfluss-Agenten, die ihrerseits in den Top-Etagen von Politik und Unternehmen vernetzt sind. Die Bezahlung erfolgt in der Regel durch gut dotierte Posten in Aufsichtsräten. Einige Beispiele:

- *Friedrich Merz:* Ex-Fraktionsführer der CDU im Bundestag: Mitinhaber der deutschen Filiale der US-Wirtschaftskanzlei Mayer Brown, Inhaber zahlreicher Aufsichtsratsmandate in Unternehmen in Deutschland und der Schweiz. Er war bis 2020 Vorsitzender des Aufsichtsrats der BlackRock Deutschland AG. (s. Seite 69 ff.)
- *Michael Rüdiger*: Ex-Chef der DekaBank Deutsche Girozentrale, im Aufsichtsrat der Deutsche Börse AG: Er ist seit 2020 der Nachfolger von Merz als Vorsitzender des Aufsichtsrates der BlackRock Deutschland AG – über ihn wird öffentlich so gut wie nicht berichtet.
- *Hildegard Müller*: Ex-Bundestags-Abgeordnete der CDU und Ex-Staatssekretärin im Bundeskanzleramt, Präsidentin des Verbandes der Deutschen Automobilindustrie, im Vorstand des CDU-Wirtschaftsrats und im Zentralkomitee der Deutschen Katholiken. Sie wurde von BlackRock in den Aufsichtsrat des größten Wohnungskonzerns in Deutschland, Vonovia AG, berufen; hier sind BlackRock & Co. Großaktionäre.
- *Jürgen Fitschen:* Der Ex-Chef der Deutschen Bank wurde von BlackRock & Co. als Vorsitzender des Aufsichtsrates der Vonovia AG berufen.

BlackRock & Co. beim größten Unternehmensberater der Welt

BlackRock & Co. sind die Großaktionäre von Accenture: Die größte Unternehmensberatung der Welt mit 540 000 Angestellten berät die meisten Unternehmen, in denen BlackRock & Co. die Großaktionäre sind.

So berät Accenture in Deutschland 29 der 30 DAX-Unternehmen.[42] BlackRock ist in allen Großaktionär. Und Vanguard, State Street und Capital Group sind, in wechselnder Zusammensetzung, ebenfalls hier Aktionäre.

Und zugleich sind, in dieser Reihenfolge, Vanguard, State Street, Massachusetts Financial, BlackRock, Fidelity, Capital Group und Wellington die größten Aktionäre von Accenture.[43]

Und gleichzeitig berät Accenture die meisten Regierungen, mit denen BlackRock & Co. in enger Beziehung stehen. So berät Accenture in Deutschland die Arbeitsagentur und die Jobcenter.

BlackRock & Co. in den beiden größten Ratingagenturen

Wie schon im Kapitel über Wirecard dargestellt: BlackRock ist Aktionär in der Ratingagentur Moody's, die dem Betrugskonzern die guten Bewertungen verkaufte, aufgrund deren Wirecard die Milliardenkredite bekam.

Moody's ist die zweitgrößte Ratingagentur des US-geführten Kapitalismus. Standard & Poor's (S & P) ist die größte. Und BlackRock & Co. sind Aktionäre in beiden:

- Moody's: Die führenden Aktionäre sind Vanguard, Capital Group, State Street, BlackRock, T. Rowe Price.
- Standard & Poor's: Die führenden Aktionäre sind Berkshire Hathaway (Warren Buffett) als Hauptaktionär, dann BlackRock, Vanguard, State Street, TCI, Capital, Fidelity.[44]

Diese beiden Agenturen beherrschen zusammen den westlichen Rating-Markt.[45] Sie vergeben die Noten für die Kreditwürdigkeit und Kreditkonditionen der börsennotierten Unternehmen, Banken und Finanzdienstleister, in denen BlackRock & Co. die führenden Aktionäre sind.

Auch hier sind BlackRock & Co. auf beiden Seiten vertreten: Bei den Bewertern und gleichzeitig bei den Bewerteten. Das ist eine typische Insider-Position, eine Interessen-Kollision, die nach der reinen Marktlehre unzulässig ist.

BlackRock & Co. in der New York Times

BlackRock-Vorstandschef Laurence Fink gilt seit der Finanzkrise als »mächtigster Mann der Wall Street«.[46] Er verschickt seit 2012 jährlich ein Mahnschreiben an die Vorstandschefs der Unternehmen, in denen BlackRock Aktien hält. Fink mahnt darin die üblichen diffusen Kriterien wie Transparenz und soziale Verantwortung an, in den letzten Jahren zunehmend die Einhaltung des neumodischen ESG-Wertekanons. (s. Seite 149). Diese Schreiben finden in den Kapital-Postillen wie *Wall Street Journal*, *New York Times*, *FAZ* und *Handelsblatt* große Beachtung und führen zu häufigen, ganz- und doppelseitigen Interviews.

BlackRock & Co. sind die führenden Eigentümer der *New York Times (NYT)*. Diese ist mit gegenwärtig 8 Millionen Abonnenten das »liberale« Leitmedium des Westens. *Süddeutsche Zeitung*, *Die Zeit*, *FAZ* zitieren daraus mehr als aus jedem anderen Medium und machen deutsche NYT-Beilagen. Hier darf der Nobelpreisträger für Ökonomie, Paul Krugman, seine kritischen Kolumnen schreiben, ohne das kapitalistische Profitsystem selbst infrage zu stellen. Auswüchse des Kapitalismus werden angeprangert, so die »Skandale« bei Betrugskonzernen wie Enron, Lehman Brothers und Deutsche Bank, die Abgas-Betrügereien von VW, ebenso die Verarmung der US-Mittelschichten.

Man kann auch mit der Wahrheit und guten Reportagen die Unwahrheit sagen: Die NYT brachte seitenlange, detaillierte

Reportagen über die hohen Corona-Infektionen und vielen Todesfälle unter den afroamerikanischen und migrantischen Arbeitern in US-Fleischkonzernen wie Tyson. Allerdings verschweigt die NYT jeweils die Beteiligung von BlackRock & Co. – etwa, dass BlackRock Großaktionär bei Tyson ist.[47]

BlackRock & Co. sind Teil von »America First«: Auch Biden führt die unter Obama eingeleitete, von Trump fortgeführte Aufrüstung und Feindhetze insbesondere gegen China, dann auch Russland und den Iran fort.[48] Und auch die *New York Times* ist wieder dabei.[49]

Die NYT ist traditionell das liberale Vorhut-Medium des US-geführten Westens. Sie peitscht das »America First« nicht primitiv ein wie direkt rechtsradikale Republikaner und etwa Donald Trump. Aber sie log über den Holocaust und dessen Verdrängung durch die US-Führung im 2. Weltkrieg wie auch über die Mitbeteiligung an der Aufrüstung der Hitler-Wehrmacht durch Ford, IBM, General Motors, ITT, Standard Oil, Raytheon.[50] Die NYT log und lügt weiter über alle wichtigen Verbrechen und die Kriegs- und Putschgründe in Vietnam, Irak, Libyen und dergleichen.[51]

Dieses systemerhaltende Widerspiel von Sekundär-Kritik an Auswüchsen und der Primär-Verteidigung des US-geführten Kapitalismus wird gelobt und genutzt und abgesichert durch die Großaktionäre, in dieser Reihenfolge: Capital Group mit 8,5 Prozent, Vanguard 7,9 Prozent, BlackRock 7 Prozent. Die brauchen nicht direkt einzugreifen: das funktioniert routinemäßig, das wurde lange geübt, das liegt in den Genen der Chefredaktion.[52]

Der wichtigste BlackRock-Lobbyist in der EU und Großbritannien, George Osborne, ist Chef der Londoner Tageszeitung *Evening Standard* (Auflage 800 000).

Traditioneller Lobbyismus

BlackRock bedient sich auch traditioneller Methoden des Lobbyismus, unterhält regierungsnahe Lobby-Büros in den wichtigen Hauptstädten, bespendet politische Parteien für Wahlkämpfe, ist Mitglied in Lobbyverbänden und Denkfabriken. Die noch traditionelleren Lobbyverbände wie die American Chamber of Commerce (Handelskammer) und zahlreiche andere, in denen BlackRock & Co. Mitglied sind, lassen wir unerwähnt.

Parteien- und Politiker-Bespendung

Zunächst im ersten Aufstieg taten Fink & Co. so, wie es auch später Donald Trump tat: Wir sind kein Teil des überholten und korrupten Establishments in Washington! Aber mit dem Aufstieg und der Abhängigkeit von Gesetzen und Regulierungen wurde auch BlackRock besonders eifriger, spendabler Akteur im etablierten Politikbetrieb – ganz ähnlich wie das zum Beispiel schon die ursprünglich als vegane und kommunitäre Basisdemokraten sich gerierenden Gründer von Apple und Microsoft, Steve Jobs und William Gates getan hatten.[53]

So versechsfachte BlackRock die bei seinen Angestellten eingesammelten Wahlkampfspenden (über das betriebliche *Political Action Committee* / PAC) von 241000 Dollar im Jahre 2006 auf 1,56 Millionen im Jahre 2018. Dabei schwenkte BlackRock schrittweise von den Republikanern zu den Demokraten um. Nach den Wahlen bespendet die Fink-Truppe gezielt einzelne Abgeordnete des Kongresses und des Senats, insbesondere in den für Finanzen zuständigen Ausschüssen.[54]

Lobby-Büro in Washington

Zudem unterhält BlackRock seit 2004, im Vorfeld der Präsidentschaft von Barack Obama, ein ständiges Lobby-Büro in Washington. Seitdem wurden dafür Personal und Finanzen aufgestockt: Die 11 fest angestellten Lobbyisten verfügen jährlich über ein Budget von 2,2 bis 2,5 Millionen Dollar. Bei besonderen Projekten werden zusätzlich etablierte Washingtoner Anwaltskanzleien wie Quinn Gillespie & Associates und Rich Feuer Group eingeschaltet. Geleitet wird das Büro von Barbara Novick, BlackRock-Mitgründerin: Das Personal besteht vorrangig aus ehemaligen Regierungsbeamten.

Besonders eng wurde die Beziehung zur Regierung von Barack Obama. Dazu gehörten Treffen zwischen Fink und dem Präsidenten persönlich. BlackRock erreichte viel:

Enge Beziehung zur Obama-Regierung und zur Nationalbank

- BlackRock wurde gegen ein dreistelliges Millionenhonorar mit der Beratung für die Lösung der Banken- und Versicherungskrise beauftragt. BlackRock wurde damit zum wichtigsten Insider mit den Informationen über alle wichtigen Banken und Versicherungsgesellschaften, über die beteiligten Ratingagenturen, Wirtschafts»prüfer« und Wirtschaftskanzleien und nicht zuletzt über die beiden wichtigsten staatlichen Institutionen, die Nationalbank Federal Reserve (Fed) und die Börsenaufsicht Security Exchange Commission (SEC).
- BlackRock wehrte sich erfolgreich dagegen, als systemrelevante Finanzinstitution (*Systematically Important Financial Institution* / SIFI) eingestuft zu werden. So blieben BlackRock, Vanguard, State Street & Co. weiter Schattenbanken

(*Shadow Banks*), die nicht wie die sonstigen Banken reguliert und überwacht werden.
- BlackRock wurde Dauer-Berater der Nationalbank Fed, etwa bei der Ausgabe von Staats- und Unternehmensanleihen, zunächst nach der Finanzkrise von 2008, dann auch bei folgenden Krisen und erhöhten Kreditvergaben an den US-Staat und an Investoren wie bei den »Corona«-Wiederaufbau-Programmen in den USA und in der EU.
- BlackRock als nicht regulierte Schattenbank und Fed-Berater organisiert jetzt die »Stresstests« für die regulierten Banken.

All dies waren dann auch Schritte zum endgültigen und immer weiter fortgesetzten Aufstieg von BlackRock zum größten Kapitalorganisator des US-geführten Westens, und im Schlepptau dann eben auch die mit BlackRock verbundenen Vanguard, State Street & Co.

Indirekter Lobbyismus über Lobby-Verbände: ICI

Wir greifen unter den Beteiligungen von BlackRock & Co. an Denkfabriken und moderneren Lobbyverbänden nur ein Beispiel heraus: Das *Investment Company Institute* (ICI).

Das ICI hat mehrere hunderte Mitglieder, die verschiedene Finanzprodukte als Vermögensanlage anbieten: Immobilien-, Rohstoff- und Aktienfonds, Pensionsfonds, ETF, Lebensversicherungen und dergleichen. Auf der ICI-Website heißt es:»Wir repräsentieren 34 Billionen Dollar an angelegtem Kapital, an dem 100 Millionen Aktionäre Anteile haben. Wir betreiben unsere Zentrale in Washington mit 130 Angestellten sowie Filialen in London, Brüssel und Hongkong. Jährlich gibt das ICI etwa 5 Millionen Dollar für Aktivitäten in Richtung der US-

Regierung und der Regierungen in London und Hongkong und der Europäischen Kommission in Brüssel aus.«[55]

Zusätzlich sammelt das ICI über ein eigenes *Political Action Committee* (PAC) Gelder für Wahlkämpfe und laufende PolitikerInnen-Bespendung. Im Jahre 2020 wurden 222 Kandidaten, die bei den Wahlen zum US-Kongress antraten, bespendet – Kandidaten der beiden oligarchischen US-Parteien.

Die oberste BlackRock-Lobbyistin Barbara Novick war in verschiedenen ICI-Gremien vertreten. Gegenwärtig hat BlackRock zwei Vertreter im 30 Mitglieder starken *Global Policy Council*: Stephen Fisher und Winnie Pun. Weitere Vertreter in diesem obersten Leitungsgremium gehören zur Spitze des BlackRock & Co.-Clubs: Vanguard, Capital Group, T. Rowe Price, Baillie Gifford, Franklin Templeton, PIMCO, Invesco, J.P. Morgan und die größte britische Bank mit Zweitsitz in Hongkong: Die HSBC.

Das ICI war wesentlich daran beteiligt, für BlackRock, Vanguard & Co. den Status als Schattenbanken zu erhalten – gegen alle Regulierungsversuche etwa der US-Regierung und der G7-Staaten. Dazu intervenierte das ICI wiederholt beim zuständigen Financial Stability Board (FSB), der bei der Zentralbank der Zentralbanken – Bank for International Settlements (BIS), Basel/Schweiz – angesiedelt ist.

Lobbyismus in der Europäischen Union

BlackRock unterhält neben den schon genannten individuellen Einfluss-Agenten in EU-Staaten und in Brüssel eine Vielfach-Präsenz in der EU-Hauptstadt: Eigenes Lobby-Büro, Mitgliedschaft in Lobby- und Unternehmensverbänden, Denkfabriken und Handelskammern. Abgeordnete und Mitglieder der Europäischen Kommission werden aufgesucht und eingeladen, werden beraten, erhalten Gesetzesvorlagen. Dadurch erhält BlackRock auch offizielle Beratungs-Aufträge der Europäischen Kommission. BlackRock berät vor allem dauerhaft die für das eigene Geschäft wichtigste Institution, die Europäische Zentralbank (EZB).

Lobby-Büro in Brüssel I Seit 2010 ist BlackRock in der EU-Hauptstadt offiziell registriert. Für 2020 wird angegeben: Der jährliche Haushalt für das Lobbybüro beträgt 1,5 Millionen Euro, 9 Personen sind angestellt. Als Ziele werden angegeben: 1. Beitrag zur Gesetzgebung und Regulierung des Finanzwesens in der EU, 2. Etablierung von BlackRock als vertrauenswürdiger Vermögensverwalter. Mitarbeit als Mitglied in der Expertengruppe der Europäischen Kommission für technische Aspekte der Unternehmensführung.[56]

Fünf Angestellte sind offiziell als Lobbyisten mit Zugang zum EU-Parlament registriert. Sie haben unter den Brüsseler Lobbyisten die häufigsten Treffen mit den jeweiligen Finanzkommissaren: seit 2015 war dies Jonathan Hill, seit 2016 ist dies Valdis Dombrovskis. Zudem schaltet BlackRock in Brüssel bei Bedarf mit Einzelaufträgen die PR-Agentur FleishmanHillard ein, mit Honoraren zwischen 200 000 und 299 000 Euro.[57]

Mitgliedschaften in europäischen Lobbyverbänden und Denkfabriken I Gleichzeitig hat BlackRock ständige Vertreter in Lobbyverbänden und Denkfabriken und ist an deren Konferenzen, Gutachten, Gesetzesvorlagen und Publikationen beteiligt. Von einigen traditionellen Lobbyverbänden wie der American Chamber of Commerce (Handelskammer) hält sich BlackRock sowohl in den USA wie in der EU fern. Aber BlackRock konzentriert sich auf Finanzorganisationen:

- European Parliamentary Financial Services Forum (Brüssel): Fördert den »Dialog zwischen der Finanzindustrie und den Abgeordneten des Europäischen Parlaments«.
- Bruegel (Brüssel): Brussels European and Global Economic Laboratory: Denkfabrik mit Sitz in Brüssel, neben BlackRock sind Banken wie Goldman Sachs und Deutsche Bank, Versicherungen und Digitalkonzerne wie Amazon, Apple, Google sowie Wirtschafts»prüfer« wie Ernst & Young Mitglied.
- Eurofi (Paris): hier sind 75 Finanzunternehmen Mitglied, u.a. Bank of America, Credit Suisse, Deutsche Bank, die beiden führenden Ratingagenturen Moody's und Standard & Poor's sowie neben BlackRock andere führende Kapitalorganisatoren wie Capital Group, State Street, Fidelity und Amundi (Frankreich).
- European Capital Markets Institute (ECMI / Brüssel): Hier sind vor allem Banken- und Versicherungsverbände Mitglied, aber auch BlackRock, State Street und Moody's. Gefördert wird der Austausch zwischen den Finanzakteuren, Abgeordneten und der Wissenschaft.
- European Corporate Governance Institute (ECGI): Erarbeitet Regularien für gute Unternehmensführung.
- Alternative Investment Management Association (AIMA): Förderung von »alternativen« Kapitalanlagen wie ETF und Umweltfonds.
- Intergroup Long Term Investment (Brüssel): Hier sind BlackRock & Co. nicht Mitglied, sondern Partner und beraten ebenfalls Abgeordnete des Europäischen Parlaments.

Mitglied in Lobbyverbänden der EU-Finanzoasen | BlackRock ist gleichzeitig Mitglied vor allem in nationalen Lobbyverbänden der Finanzindustrie in den wichtigsten EU-Finanzoasen Niederlande, Luxemburg, Irland und Deutschland. Vor allem die größten und gewinnträchtigsten Global-Konzerne wie Apple, Facebook, Microsoft, Google, Amazon unterhalten in diesen Finanzoasen ihre steuersparenden Europa-Zentralen; und über diese Finanzoasen laufen die meisten US-Investitionen in der EU:

- The Dutch Fund and Asset Management Association (AFME),
- Association of Luxemburg Funds Industry (ALFI),
- Irish Funds,
- Bundesverband Investment und Asset Management e.V. (BVI, Deutschland).

Aufträge der Europäischen Kommission und der EZB

Aufgrund des Vielfach-Lobbyismus konnte BlackRock seine Interessen in der EU weitgehend durchsetzen, durch direkte Aufträge und durch neue Regularien.

Bankenrettung nach der Finanzkrise unter Tarnkappen | 2011 wurde BlackRock nach der Finanzkrise mit der Rettung bankrotter Banken in der EU beauftragt: die Tochterfirma BlackRock Solutions zog vor Ort in Athen, Dublin und Zypern mit den Regierungen die Maßnahmen durch.

Dabei wurden staatliche Zuschüsse mit Auflagen an die Banken gezahlt. Im sozialen Bereich und in den Arbeitsverhältnissen wurden Kürzungen durchgezogen, so in Irland, Griechenland und Zypern. Die Honorare für BlackRock in Irland betrugen 30 Millionen Euro, in Griechenland 12,3 Millionen Euro, in Zypern ist das Honorar nicht bekannt.[58]

Diese Aufträge kamen von der »Troika«, dem ohne Parlamentsbeschluss eingesetzten Dreier-Gremium aus Europäischer Kommission, Internationalem Währungsfonds und EZB. BlackRocks Manager agierten vor Ort in Athen und Zypern unter den Decknamen »Projekt Solar« bzw. »Claire«: Organisierte Intransparenz.[59]

Dauerberatung für die EZB | Die Europäische Kommission vergab 2015 an BlackRock den Auftrag, die EZB beim *Quantitative-Easing*-Programm zu beraten (quantitative Lockerung der Kreditvergabe und der Geldpolitik allgemein). Dieses Programm wurde von der US-Zentralbank abgekuckt. Zur Förderung der nach der Finanzkrise immer noch schwächelnden EU-Ökonomie berät BlackRock seitdem die EZB beim Aufkauf von Staats- und Unternehmens-Anleihen.

Das geschah zum Beispiel auch beim Kauf des US-Pharma-Konzerns Monsanto durch den deutschen Pharma-Konzern Bayer: BlackRock war gleichzeitig Großaktionär von Bayer und Monsanto. Und so brachte Bayer den Kaufpreis von 65 Milliarden US-Dollar wesentlich durch eine Anleihe auf, die von der EZB aufgekauft wurde. Somit vergab die EZB praktisch einen Kredit, um eine Unternehmensfusion zu ermöglichen, die den Interessen von BlackRock & Co diente.

Dabei zeigt sich unter anderem, dass diese EZB-Kredite keineswegs der »Wirtschaft« allgemein oder der Volkswirtschaft dienen, sondern im Gegenteil: Arbeitsplätze bei Monsanto wie Bayer wurden und werden abgebaut.[60]

2020 beschloss die EU das 750-Milliarden-Corona-Wiederaufbau-Progamm. Es ist das »größte Konjunkturpaket aller Zeiten«, rühmt sich die Europäische Kommission.[61] In ganzseitigen Anzeigen in allen Mitgliedsstaaten und Sprachen wirbt die Kommission dafür als *NextGenerationEU*: Wir kommen »stärker aus der Pandemie, wir transformieren unsere

Ökonomien, schaffen neue Arbeitsplätze«. Beraten werden EU und EZB dabei von BlackRock.[62]

Die private »Europa-Rente« I Vor allem Lobbyist George Osborne (s. Seite 115 ff.) setzte in Brüssel das BlackRock-Konzept der privaten Altersvorsorge durch. So veröffentlichte die Europäische Kommission 2017 die Verordnung über ein »europaweites persönliches Altersvorsorgeprodukt«: *Pan European Personal Pension Product* (PEPP).

Damit erstellt die EU einen »Rechtsrahmen zur Schaffung eines erfolgreichen europäischen Marktes für einfache, effiziente und wettbewerbsfähige Produkte für die private Altersvorsorge«. Die endgültige Regelung entstand durch Zustimmung des Europäischen Parlaments am 20. Juni 2019.[63] (s. Seite 115 ff.)

EU-Nachhaltigkeits-Regeln – 2020 beauftragte die Kommissionspräsidentin Ursula von der Leyen BlackRock mit der Beratung, wie die EU ihre »ehrgeizigen« Nachhaltigkeitsziele erreichen könne. Für die *Sustainable-Finance*-Strategie soll BlackRocks Abteilung *Financial Markets Advisory* die von der EU organisierten Kredit- und Subventionsströme überprüfen und mitgestalten. Dies ermöglicht BlackRock einen direkten Zugriff auf die EU-Richtlinien und die Gesetzgebung. Zuvor hatte BlackRock sich als schärfster Kritiker der *Sustainable-Finance*-Strategie ausgezeichnet. Für den Beratungsauftrag bekommt der Kritiker eine halbe Million Euro.[64] (s. Seite 115 ff.)

Friedrich Merz und BlackRock: Das passt!

Merz war von Anfang 2016 bis Dezember 2020 der oberste bezahlte BlackRock-Lobbyist in Deutschland. Als er 2018 CDU-Vorsitzender werden wollte, wurde diese Tatsache zum ersten Mal öffentlich erwähnt und ein bisschen kritisiert – deshalb trat Merz schließlich 2020 von dieser Funktion zurück, als der Kampf um den CDU-Vorsitz immer heftiger wurde.

2016 war Merz nach Vorgesprächen mit BlackRock-Chef Fink zum Vorsitzenden des Aufsichtsrats der BlackRock Deutschland AG ernannt worden. An den Gesprächen war der damalige Vorstandsvorsitzende von BlackRock Deutschland, Christian Staub, beteiligt: Die Aufgabe von Merz sei die eines »Active Chairman«. Das war also kein gut bezahlter Ruheposten für einen verdienten Manager, wie solche Aufsichtsratsposten in deutschen Unternehmen oft vergeben werden. Merz sollte auch kein Frühstücksdirektor für repräsentative Empfänge werden.

Die Aufgabe präzisierte der damalige unmittelbare Vorgesetzte von Merz, der Chef von BlackRock Europe in der City of London, David Blumer: »Friedrich Merz wird einen wichtigen Beitrag dazu leisten, unser Geschäft in Deutschland voranzutreiben und dabei eng mit unseren Kunden, Partnern, Regierungsvertretern und Regulierern in Deutschland zusammenarbeiten.«[65]

Tradition: Die Atlantikbrücke

Merz sollte in Deutschland für seinen neuen Chef auch »sein breites Netzwerk des Thinktanks Atlantikbrücke einbringen«.[66]

Die Atlantikbrücke war 1952 vom damaligen US-Hochkommissar für die Bundesrepublik Deutschland und Wall Street-Banker John McCloy zusammen mit dem US-Banker Eric Warburg gegründet worden. Merz war seit 2009 Vorsitzender und blieb dies bis 2019.

Die Atlantikbrücke versammelt – nichtöffentlich und im kleinen Kreis von ein paar hundert Bankern, Industriellen und Chefredakteuren etwa der *ZEIT* – die deutschen »Transatlantiker«. Unabhängig von Verbrechen der einen oder anderen Seite stehen »Deutsche« und »Amerikaner« unverbrüchlich zueinander. Korruption bei Rüstungsgeschäften, heimliche Finanzierung von CDU-Politikern gehörten zu den Tätigkeiten hochrangiger Mitglieder, etwa des Vorsitzenden Walter Leisler Kiep, der zugleich langjähriger CDU-Spendenbeschaffer und Geldkoffer-Träger zwischen Deutschland und der Schweiz war.[67] Die Atlantikbrücke ist Vorbild für die später, vor allem nach dem Zusammenbruch des Sozialismus, zahlreich neu gegründeten deutsch-amerikanischen Thinktanks.[68]

Merz sollte deshalb nicht nur die unmittelbaren Geschäftsinteressen von BlackRock vertreten und für die Ausweitung des Geschäfts sorgen, sondern auch Einfluss auf Parteien, Regierung und Aufsichtsbehörden, etwa auf die Finanzaufsicht (BaFin) ausüben. Er begleitete nach eigener Auskunft das BlackRock-Management zu Kundenterminen, warb auf Investorenkonferenzen und in Leitmedien für Finanzprodukte seines Auftraggebers und organisierte Gesprächskreise mit Bundestagsabgeordneten.[69]

Schon vorher warb Merz für BlackRocks Finanzprodukte

Merz hatte sich für die Aufgabe als oberster BlackRock-

Lobbyist in Deutschland schon lange qualifiziert. Noch als Bundestagsabgeordneter mit acht bezahlten Nebentätigkeiten in deutschen Unternehmen wurde er 2005 Partner, also Miteigentümer der US-Kanzlei Mayer Brown. Sie hatte in Düsseldorf ihre Deutschland-Filiale eingerichtet.

Die Kanzlei gehörte mit Deutscher Bank, US-Banken und anderen US-Kanzleien zu den Partnern der True Sale Initiative (TSI). Sie setzte sich in Deutschland für die Zulassung der von BlackRock in den USA entwickelten Finanzprodukte ein: verbriefte Immobilienkredite, Index-Aktien, Derivate, strukturierte Wertpapiere. Schon frühzeitig warb Merz auch für die von BlackRock forcierte Privatisierung der Rente mithilfe solcher Geldanlagen.

Mayer Brown bekam 2010 von der Bankenrettungs-Institution der Bundesregierung, SoFFin, den Auftrag, die marode Westdeutsche Landesbank (WestLB) zu verkaufen. Tageshonorar für Merz: 5000 Euro. Für den erfolglos abgewickelten Auftrag erhielt die Kanzlei 11 Millionen Euro aus Steuergeldern, Merz erhielt davon 1,9 Millionen.[70] So gehörte Mayer Brown zusammen mit den anderen US-Beratern Freshfields und Price Waterhouse Coopers zu den Profiteuren der von ihnen selbst mitverursachten Bankenkrise.[71]

Merz suchte von sich aus die geschäftliche Verbindung zum Londoner Hedgefonds TCI. Der ist als besonders aggressiv bekannt und ziert sich mit dem besonders harmlosen Namen The Childrens Investment Fund. TCI wurde Aktionär der Deutschen Börse und entsandte Merz in den Aufsichtsrat, um den bisherigen Vorstand zu stürzen.[72]

Cum-Ex-Betrügereien in seiner Bank HSBC Trinkaus

Mit seiner Ernennung zum Vorsitzenden des BlackRock-Aufsichtsrats Deutschland im März 2016 hätte Merz sich sofort um die Aufklärung der Cum-Ex-Geschäfte von BlackRock in Deutschland kümmern müssen. Sie waren zu dieser Zeit ein großes öffentliches Thema, auch durch den Cum-Ex-Untersuchungsausschuss des Deutschen Bundestages.

Bei Cum-Ex-Operationen konnten vermögende Kunden mithilfe von Leihaktien, die z. B. BlackRock gegen Gebühr verlieh, eine vom Finanzamt einbehaltene Kapitalertragssteuer sich zweimal erstatten lassen.

Das betraf auch Kunden der Düsseldorfer Bank HSBC Trinkaus & Burkhardt. Sie ist eine traditionelle Bank für Vermögende des Ruhrgebiets und des Rheinlands, war auch Partner in der TSI-Lobby. Die Bank ist zudem global vernetzt, seit sie von der größten britischen Bank, der Hongkong and Shanghai Banking Corporation (HSBC), aufgekauft wurde.

Merz ist seit 2010 Mitglied des Aufsichtsrats und zudem Vorsitzender des wichtigeren Verwaltungsrats: Hier ist die Crème vor allem des rheinischen Geldadels vertreten: Henkel, Haniel, E.ON, Evonik, Deichmann, Gothaer Versicherungen, Pfeifer & Langen, Bertelsmann, Innogy, aber auch Airbus, der baden-württembergische Multimilliardär Würth (»Schrauben-Würth«), ebenso das CDU- und *FAZ*-nahe Institut für Demoskopie Allensbach und das Institut für Weltwirtschaft Kiel. Viele vermögende Kunden der HSBC waren an Cum-Ex-Betrügereien beteiligt.

Merz erklärte: Es gab immer die Anweisung des Vorstands: jeder Betrug ist verboten! Cum-Ex-Geschäfte sind unmoralisch! Der Bankvorstand erklärte: Die Bank hat »nicht bewusst« betrogen, es könne sich lediglich um »Alleingänge« einzelner Mitarbeiter handeln.[73] So lauten die üblichen Verharmlosungen.

Der Zeitpunkt der Ernennung von Merz zum deutschen Cheflobbyisten von BlackRock könnte auch so interpretiert werden: Er sollte mithelfen, BlackRock vor Transparenz und Kritik zu schützen. Seine Untätigkeit in der Bank spricht ebenfalls für diese These. Merz hat während der seit 2006 laufenden Cum-Ex-Betrügereien nichts zur Aufklärung getan. Erst nach der staatsanwaltlichen Razzia im November 2018 am BlackRock-Sitz in München versprach Merz vollmundig, zur Aufklärung beitragen zu wollen. Seine Aufgabe wäre es gewesen, dies schon vorher zu tun. Aber auch nachher kam – nichts.

Dagegen: Merz' Kanzlei Mayer Brown bietet seit der staatsanwaltlichen Verfolgung der Cum-Ex-Betrügereien vermögenden Kunden ihre Hilfe an, die wegen Cum-Ex-Geschäften vor einer möglichen Anklage stehen.[74]

Merz hasst Transparenz

Merz hasst Transparenz, sowohl wenn es um seine eigenen Millionen wie auch um die Milliarden seiner Arbeitgeber geht.

Bereits als Bundestagsabgeordneter hatte er zahlreiche bezahlte Nebentätigkeiten in und für Privatunternehmen: AXA Versicherungen, Commerzbank, Deutsche Börse, BASF, Interseroh (Abfallentsorgung), Möller & Förster (Hamburger Baumärkte), Odewald & Compagnie (deutsche »Heuschrecke«), Rockwool (größter Hersteller von Dämmstoffen aus Steinwolle), Ernst & Young, Mayer Brown. Deshalb gehörte er zu der kleinen Gruppe von Abgeordneten – drei von der FDP, einer von der CSU, einer von der SPD –, die gegen die gesetzliche Erhöhung der Transparenz bei Nebentätigkeiten von Abgeordneten klagten. Dabei ging es gar nicht einmal um eine vollständige, sondern nur eine relative Transparenz.

Merz hat auch nie bekannt gegeben, wie er im Aufsichtsrat von BlackRock Deutschland bezahlt wurde. Bisher wurde nur bekannt, dass die drei Mitglieder des Aufsichtsrats zusammen 377 000 Euro jährlich erhalten. Selbst wenn es unwahrscheinlich ist, dass Merz nur genauso viel erhält wie die beiden anderen Mitglieder, erhält er somit mindestens 125 000 Euro. Zusätzlich hat(te) Merz noch einen Beratervertrag mit BlackRock – Honorar unbekannt.

Merz lobt Hedgefonds und »Heuschrecken«

Merz lobte schon frühzeitig die unregulierten Schattenbanken wie BlackRock, auch die Hedgefonds, die Venture Fonds und Vulture Fonds (Geierfonds), die »auf die Zerschlagung und Verwertung von maroden Unternehmen spezialisiert sind.«[75]

Merz lobte auch das Wirken von Private-Equity-Fonds (»Heuschrecken«), die gutgehende Mittelstandsunternehmen kaufen, ausweiden und nach einigen Jahren an die nächste »Heuschrecke« weiterverkaufen oder profitabel an die Börse bringen. Merz behauptete entgegen der Faktenlage, die »Heuschrecken« hätten zusätzliche Arbeitsplätze in Deutschland geschaffen. »Gut, dass wir nun auch in Deutschland ‚Heuschrecken' haben!«[76]

Bekanntlich ist das Gegenteil der Fall – in den etwa 10 000 seit dem Jahre 2000 in Deutschland durch »Heuschrecken«-Investoren wie Blackstone, KKR, Fortress, Cerberus, Carlyle, EQT aufgekauften und verwerteten Unternehmen sind hunderttausende Arbeitsplätze abgebaut worden.[77]

Merz: »Steueroasen erhöhen die Rendite«

Merz lobte frühzeitig die Vorteile von Steueroasen: »Viele dieser Fonds haben ihren Sitz in Steueroasen und erhöhen so die Rendite ihrer Investoren.«[78]

Da folgt kein Nachsatz, dass dadurch die Staaten der Steuerpflichtigen verarmen, dass die Infrastruktur an öffentlichem Verkehr, Gesundheitssystem, Schulen, Sozialwohnungen, Trinkwasserversorgung und Abwasserentsorgung verfällt bzw. durch die gelobten Investoren privatisiert und verteuert wird.

Das klang und klingt wie Musik in den Ohren der BlackRock-Manager: BlackRock ist der größte Organisator der globalen Steuerflucht zugunsten seiner superreichen Kapitalgeber.[79] Das muss natürlich vor dem Wahlvolk beschönigt werden – Aufgabe eines Lobbyisten.

Merz: Verschleierungstaktik zugunsten von BlackRock

Bei der Verharmlosung BlackRocks greift Merz auch zur gezielten Unwahrheit: Auf die Frage, ob BlackRock als Großaktionär nicht eine große Rolle spiele, antwortete Merz: »Wir sind aber eben nicht Aktionär, sondern im Auftrag unserer Kunden investiert.«[80]

Der Aktionär bei der Bayer AG und der Vonovia AG usw. heißt aber BlackRock, da taucht kein Name eines Kunden auf. Oder genauer gesagt: Die Hunderte von Briefkastenfirmen, in denen BlackRock das Kapital seiner Kunden versteckt, um Aktien der Bayer AG und der Vonovia AG zu kaufen, tragen den Namen BlackRock. Und BlackRock nimmt z. B. damit in allen DAX-Konzernen sein Stimmrecht als Aktionär wahr. Der nach deutschem Aktiengesetz auftretende Aktionär heißt BlackRock: bei Bayer, Vonovia, Daimler, VW, Siemens, Adidas, Deutsche Bank, Commerzbank, BMW und so weiter.

Merz: Berater von NRW-Ministerpräsident Laschet

Nach der Berufung zum Aufsichtsrat und Berater von BlackRock Deutschland wurde Merz Chefberater der strategisch wichtigen Landesregierung von NRW, dem bevölkerungsreichsten und industriell dichtesten Bundesland. Hier ist auch der größte CDU-Landesverband heimisch. Die Regierung aus CDU und FDP unter Ministerpräsident Armin Laschet (CDU) war für die Interessen der besonders vermögenden Klientel und für US-Investoren besonders aufgeschlossen.

Merz wurde unmittelbar bei der NRW-Staatskanzlei als Berater angesiedelt. Seine offizielle Zuständigkeit galt dem Brexit und den Folgen für NRW. 2017 wurde Merz überfallartig als Aufsichtsrats-Vorsitzender des Flughafens Köln-Bonn eingesetzt, verbunden mit dem Rauswurf des bisherigen Geschäftsführers. Durchgesetzt hatte dies die Landesregierung, Mitgesellschafter des Flughafens. Sie wollte ihre Anteile verkaufen, privatisieren. BlackRock ist Großaktionär von Fluglinien wie Ryan Air, Deutsche Post DHL und Lufthansa, die den Flughafen zu möglichst günstigen Konditionen nutzen wollen – BlackRock ist in den genannten drei Unternehmen Großaktionär wie auch in anderen wichtigen Fluggesellschaften. Und auch die Bundesregierung deutete an: Auch wir können unseren Anteil am Flughafen Köln-Bonn verkaufen.

Gleichzeitig löste die NRW-Landesregierung aus CDU/FDP unter Laschet die bei der vermögenden Klientel gefürchtete Wuppertaler Steuerfahndung auf: Sie hatte unter der vorherigen, SPD-geführten Landesregierung auch mithilfe von angekauften CDs aus der Schweiz tausende Steuerhinterzieher dingfest gemacht und dem Staat zu Milliarden-Einnahmen verholfen. Das ist nun vorbei.[81]

Merz verschaffte BlackRock Zugang zur Pensionsverwaltung des Bundeslandes. Auf eine Anfrage der Grünen-Abgeordneten Horst Becker und Johannes Remmel gestand die Landesregierung ein: Für den Pensionsfonds des Landes NRW wurden bis 2019 ETF-Indexfonds von BlackRock zugekauft.[82]

Merz: Der Multi-Millionär als »gehobene Mittelschicht«

Merz versucht zudem auf ziemlich primitive Weise, die eigenen Einkommens- und Vermögensverhältnisse zu verschleiern und zugleich zu verharmlosen. Er gehöre »zur gehobenen Mittelschicht, keinesfalls zu dieser kleinen, sehr vermögenden, sehr wohlhabenden Oberschicht«, erklärte er. Das trifft teilweise zu: Merz gehört nicht zu der von BlackRock vorrangig vertretenen Oberschicht der Multimilliardäre und dreistelligen Multimillionäre. Richtig ist vielmehr: Merz ist als kleiner zweistelliger Multi-Millionär ihr hochbezahlter Dienstbote.

Merz sagt auch hier nicht die Wahrheit: Die »gehobene Mittelschicht« wird im allgemeinen Sprachgebrauch bei etwa 8000 bis 10 000 Euro pro Monat angesetzt. Doch Merz liegt weit darüber. Auf Drängen des Gossenblattes *Bild*-Zeitung aus dem reichen Springer-Konzern, das Merz' angeschlagenes Image reparieren wollte, behauptete er: Ich verdiene »eine Million Euro pro Jahr«.[83] Das kann man glauben oder nicht, vielleicht stimmt es, vielleicht nicht. Es kann sich ja auch mal von einem zum anderen Jahr ändern. Unabhängig davon deutet sich die Größenordnung auch ohne Transparenz an.

Allein im Aufsichtsrat von BlackRock Deutschland – selbst, wenn er nur das unterstmögliche Einkommen von 125 000 Euro pro Jahr hatte, verdiente er mehr als ein Mitglied der »gehobenen Mittelschicht«. BlackRock machte Merz aber nicht nur zum Aufsichtsratschef, sondern gleichzeitig zum Berater.[84] Wieviel er hier verdiente, hat er auch nicht veröffentlicht. Zur Größenordnung: Der Ex-Finanzminister der Tories in Großbritannien, George Osborne, weiter Abgeordneter im britischen Parlament, bekommt von BlackRock für einen Wochentag Lobbyarbeit 750 000 Euro jährlich.

Hinzu kamen oder kommen bei Merz seine etwa zwei Dutzend weiteren Aufsichtsratsmandate, seien sie aktuell oder aus früheren Jahren. Bei der Deutschen Börse bekam er 100 000 jährlich. Aktuell (Jahr 2020) sind dies 80 000 bei der WEPA Industrieholding SE, 75 000 bei der HSBC Trinkaus & Burkhardt und 14 000 bei Flughafen Köln/Bonn GmbH. Seit 2006 ist Merz Mitglied des Verwaltungsrats des Schweizer Zugherstellers Stadler: Beim Börsengang 2019 verdiente Merz 5,7 Millionen Euro.[85] Da sammelt sich mit der Zeit schon einiges an, und es wird zudem noch einiges mehr, wenn Merz z. B. sein eigenes Lob der Finanzoasen vermutlich auch für sich selbst in die Praxis umsetzt.

Hinzukommen Merz' Einkünfte aus seiner Kanzlei in Arnsberg/Sauerland und aus der US-Kanzlei Mayer Brown in Düsseldorf. Als Miteigentümer der Kanzlei Mayer Brown verdiente er 2010 etwa bei der (erfolglosen) Beratung zum Verkauf der WestLB 5000 Euro pro Tag, insgesamt 1,98 Millionen.[86]

Für die von ihm gezeichneten etwa 100 Meinungsartikel im Handelsblatt während der letzten beiden Jahrzehnte dürften nebenbei etwa 200 000 Euro zusammengekommen sein – Peanuts am Rande. Ebenso Vorträge für 7000 Euro beim Wirtschafts»prüfer« KPMG, bei der Unternehmensberatung Zehnder International und bei der Markant AG.[87]

Wesentlich ist aber in diesem Milieu nicht das jährliche berufliche Einkommen, sondern das Einkommen aus Vermögen, das bei Merz in zweistelliger Millionenhöhe liegt. Es kann vermutet werden, dass es bei solchen »Vermögensverwaltern« wie BlackRock und Blackstone angelegt ist: Sie versprechen Renditen zwischen 5 und 15 Prozent pro Jahr, auch solchen Vorzugskunden, die zudem noch als Lobbyisten tätig sind.

Noch wesentlicher ist allerdings die Frage: Wie wurde und wird dieser Reichtum erwirtschaftet? Mithilfe von Niedriglöhnen, Steuerflucht, staatlichen Subventionen, Monopolpreisen, überhöhten Manager-Einkommen, Insider-Praktiken, Komplizenschaft von Regierungen und Aufsichtsbehörden? Also genau mit den Praktiken, die auch dem Auftraggeber BlackRock zu den Supergewinnen zugunsten seiner superreichen KundInnen verhelfen.

Friedrich Merz: Aufsichtsratsposten, Mitgliedschaften u.ä.[88]

Merz gehörte schon als Abgeordneter des Europäischen Parlaments und des Deutschen Bundestages zu den Vielfach-Nebenverdienern. Seine Mitgliedschaften zeigen beispielhaft das verästelte Milieu der christlich lackierten Politik, die auch von BlackRock & Co. ausgiebig genutzt wird.

1. Anwaltliche Tätigkeiten

– Seinen beruflichen Einstieg als Jurist hatte Merz als Angestellter des (Unternehmer-)Verbandes der Chemischen Industrie (wie auch schon Helmut Kohl).

- Merz übernahm bzw. bekam schon als Bundestagsabgeordneter Aufsichts- und Beiratsposten und hatte etwa 8 bezahlte Nebentätigkeiten. Im letzten Jahr als Abgeordneter 2009 betrug die Zahl seiner bezahlten Nebentätigkeiten 18.[89]
- Von Anfang seiner politischen Karriere arbeitete er gleichzeitig als Anwalt, zunächst bis Ende 2004 in der Kölner Kanzlei Cornelius, Bartenbach, Haesemann & Partner.
- Danach wechselte er 2005 eine Etage höher: Er wurde Partner (Miteigentümer, Gesellschafter) der US-Kanzlei Mayer, Brown, Rowe & Maw LLP: Sie hat ihre Zentrale in Chicago, weitere 7 Standorte in den USA und weitere in der EU und Asien, die deutsche Filiale in Düsseldorf. Sie berät – neben Aufträgen für den Staat – Unternehmen, auch Private Equity-Investoren (»Heuschrecken«) und Hedgefonds.
- Mayer Brown organisiert mit der US-Handelskammer in Deutschland und der EU-Lobbyorganisation Transatlantic Business Dialogue (TABD) jährlich die Transatlantic Business Conference. Seit 2010 betreibt Merz das Berliner Büro von Mayer Brown.[90] Merz wurde Mitglied des International Board von Mayer Brown.
- Einige Aufsichtsratsposten für Merz entstanden durch Mandate von Mayer Brown.

2. Mandate in Aufsichtsräten (Auswahl)

- Interseroh AG, Mitglied des Aufsichtsrats 2005–2009 nach der Beratung durch die Kanzlei Mayer Brown

- Deutsche Börse, Mitglied des Aufsichtsrats 2005–2015, vermittelt durch den Hedgefonds TCI. In dieser Zeit auch Einstieg von BlackRock als Großaktionär in die Deutsche Börse AG
- DBV Winterthur Versicherungen AG
- Stadler Rail AG (Schweiz), Großaktionär und Mitglied des Aufsichtsrats seit 2006
- ALBA Group plc & Co. KG, Berlin: Der Müll-Entsorger ALBA unter dem Berliner IHK-Präsidenten Eric Schweitzer kaufte das von Mayer Brown beratene Entsorgungsunternehmen Interseroh auf. Dabei wurden die Briefkastenfirmen Alpsee Limited und Eibsee Limited nach britischem Recht in London gegründet, um dort die 25 000 Aktien des Hauptaktionärs Schweitzer zu verstecken. Merz ist Mitglied im Aufsichtsgremium. 2013 wurde Schweitzer Präsident des Deutschen Industrie- und Handelskammertages DIHK.
- AXA Konzern AG, Vorsitzender des Konzernbeirats, Aufsichtsrats-Mitglied 2007–2014
- BASF Antwerpen N.V., Verwaltungsrat
- IVG Immobilien AG, Mitglied des Aufsichtsrats 2006–2010
- Möller & Förster KG (Baumärkte und Baustoffe)
- Odewald & Compagnie GmbH (Private Equity-Investor, zusammen mit dem damaligen Vorsitzenden des Verwaltungsrats der Treuhand, Jens Odewald).
- Rockwool Beteiligungs GmbH
- Ernst & Young (EY, Dauer-Betrugshelfer wie zuletzt bei Wirecard), Mitglied des Beirats

- WEPA Industrieholding S.E. Merz hatte als Anwalt von Mayer Brown die Unternehmerfamilie bei der Gründung als Aktiengesellschaft beraten und wurde 2009 Vorsitzender des Aufsichtsrats. Der sauerländische »Familienbetrieb« hat Filialen in Polen, Frankreich, Italien und Spanien aufgekauft und hat auch einen Private Equity-Investor als Miteigentümer. WEPA ist eine Aktiengesellschaft nach Europäischem Recht (Societas Europaea, S.E.), in der beispielsweise im Unterschied zum deutschen Recht kein Betriebsrat gerichtlich erzwungen werden kann.
- HSBC Trinkaus & Burkhardt AG, seit 2010 Mitglied des Aufsichtsrats und Vorsitzender des Verwaltungsrats. Merz ist in dieser Bank Nachfolger des FDP-Politikers Graf Lambsdorff, der zu den großen Organisatoren illegaler Parteienfinanzierung gehörte. Die Bank gehört zur größten britischen Bank Hongkong and Shanghai Bank Corporation (HSBC) und betreut in Deutschland eine besonders vermögende Klientel.
- Commerzbank, Beirat 2003–2009. Merz befürwortete die staatliche Rettung der wegen Spekulation insolventen Bank.
- Borussia Dortmund GmbH, Mitglied des Aufsichtsrats 2010–2014
- Flughafen Köln/Bonn, Vorsitzender des Aufsichtsrats seit 2017, vermittelt durch die NRW-Landesregierung unter Ministerpräsident Laschet (CDU), im Dezember 2020 Rücktritt wegen der Bewerbung um den CDU-Vorsitz.

- BlackRock Deutschland AG, Vorsitzender des Aufsichtsrats 2016–2020

3. Sonstige Mitgliedschaften (frühere und aktuelle)

- Rotary Club, Distrikt 1900 Arnsberg
- Katholische Kirche
- Katholische Studentenvereinigung K.D.St.V. Bavaria Bonn (im CV)
- Deutscher Anwaltsverein
- Deutsch-Amerikanische Juristenvereinigung
- Trilaterale Kommission
- Ludwig-Erhard-Stiftung
- Deutsche Nationalstiftung
- United Europe (im Vorstand)
- CDU
- CDU-Wirtschaftsrat, Vize-Präsident
- CDU-Europa-Abgeordneter 1989–1994
- CDU-Bundestags-Abgeordneter 1994–2009
- CDU-Fraktionsvorsitzender im Bundestag 2002–2004
- Atlantikbrücke, Vorsitzender 2009–2019, löste hier den langjährigen Großorganisator illegaler Parteispenden, Leisler Kiep, ab. Die Mitgliedschaft kann nur durch Kooptation erlangt werden. Nachfolger: Sigmar Gabriel (SPD)
- Aspen Institute, Berlin: Mitglied im Kuratorium
- Council on Public Policy
- Förderverein der Initiative Neue Soziale Marktwirtschaft (INSM), Vorsitzender 2000–2002. Das Pro-

gramm »Neue Soziale Marktwirtschaft« wurde vom damaligen Chef von McKinsey Deutschland, Jürgen Kluge, ausformuliert. Die INSM wird vom Arbeitgeberverband Metall finanziert, beraten durch das (Unternehmer-)Institut der Deutschen Wirtschaft und durch Serviceplan Public Opinion
- Anden-Pakt: Inoffizielle, nach rechts offene Seilschaft innerhalb der CDU. Neben Merz u.a. Roland Koch, Matthias Wissmann, Volker Bouffier, Kurt Lauk (bis 2015 Vorsitzender des CDU-Wirtschaftsrats). Besteht seit Anfang der 2000er Jahre, keine Frauen und keine Ostdeutschen als Mitglieder.

4. Kommissionen

- Gesellschaft zum Studium strukturpolitischer Fragen
- Reformkommission Soziale Marktwirtschaft: Forderte 1999 die stärkere Kostenbeteiligung der Patienten beim Arztbesuch, beim Krankenhausaufenthalt und bei Medikamenten. Die gesetzliche Krankenversicherung soll sich auf eine »Basisversorgung« beschränken, die Versicherungsbeiträge sollen von Löhnen und Gehältern abgekoppelt werden.
- Energiepolitischer Appell (2010): Mit E.ON, RWE, Vattenfall und EnBW für die weitere Nutzung der fossilen Energie und der Atomenergie
- CDU-Parteikommission »Zusammenhalt stärken – Zukunft der Bürgergesellschaft gestalten«, Mitglied seit Gründung 2014. Merz gestaltet seitdem seine öffentliche Wortwahl bei bestimmten Gelegenheiten softer.

- Friedrich und Charlotte-Merz-Stiftung, Arnsberg: Fördert Schüler in der Region.
- Zukunftsrat: Merz gehörte 2008 mit Ex-Wirtschafts- und Arbeitsminister Wolfgang Clement (Ex-SPD), Ex-Verteidigungsminister Rudolf Scharping (SPD), Unternehmensberater Roland Berger und dem Historiker der Deutschen Bank, Wolfgang Pohl zu den Gründern. Sie verstehen sich als »wertkonservativ« und als »geistige Elite«, die »Verantwortung für Deutschland und Europa« übernehmen.[91] Zu den Großsponsoren gehören die »renommierte« Frankfurter Privatbank Metzler und die Schaeffler-Gruppe (Continental AG). Vorstandvorsitzende ist Kristina Gräfin Pilati, mit der Scharping während des NATO/Bundeswehr-Krieges gegen Jugoslawien in Mallorca baden ging.
- Beauftragter der CDU/FDP-Landesregierung von NRW »für die Folgen des Brexit und die transatlantischen Beziehungen«.

Merz und BlackRock: Dienstboten der Multi-Milliardäre

Multi-Millionär Merz gehört also zur Oberschicht, aber nur zu deren unterem Rand. Über seinem unmittelbaren Chef, der die BlackRock-Europa-Niederlassung in London leitete und der mehr verdiente, agiert noch BlackRock-Chef Fink in New York. Der bekommt allein mit seiner nominellen jährlichen

Hauptvergütung von 30 Millionen US-Dollar in einem Jahr so viel wie Merz in seinen letzten beiden gierigen Lebensjahrzehnten zusammengerafft haben dürfte. Und dabei ist auch Fink, selbst wenn man seine Erfolgs-Boni dazurechnet, noch ein kleines Licht, nämlich der öffentlich sichtbare Dienstbote der wirklich Reichen und Mächtigen, der Multi-Milliardäre, deren leistungslosen Gewinn er mehren und dabei deren Anonymität vor der Öffentlichkeit schützen muss.

Gerade deshalb muss der kleine Multi-Millionär Merz mit vordergründigen Klischee-Attitüden in seinem groß-kleinen Milieu, etwa des Rotary-Clubs Arnsberg, sich großtun: mit zwei Privatjets, mit Ferienhaus am Tegernsee, – so primitiv ist es – mit dicken Zigarren und teurem Rotwein, wie das Handelsblatt berichtet[92], was er allerdings vor den für besonders dumm verkauften CDU-Mitgliedern und umworbenen CDU-Wählern schamhaft versteckt.

Sich heimlich bereichern, öffentlich dazu schweigen, gegen möglichen und tatsächlichen Betrug nichts unternehmen und auch mal lügen: BlackRock und Merz, das passt.

Merz: Keine volkswirtschaftliche Kompetenz

Merz selbst wirbt für sich: Ich verfüge über Wirtschafts-Kompetenz! Und seine Unterstützer aus dem CDU-Wirtschaftsrat (dessen Vizepräsident er ist), aus den Unternehmer-Lobbyverbänden BDI und BDA und DIHT und aus den Verbänden der Immobilien- und Finanz- und Auto- und Pharma- und Rüstungsindustrie und aus *FAZ* und *Bild* und *Welt* und dem *Kölner Stadt-Anzeiger*: alle loben die »Wirtschaftskompetenz« ihres Lieblings.

Aber »Wirtschaft« – das ist ja die verschleiernde, populistische Verklausulierung des Begriffs und der Personengruppe, um die es eigentlich geht: UnternehmerInnen, KapitalistInnen.

Und es gehört gerade nicht zu den Qualifikationen und Aufgaben eines BlackRock-Lobbyisten in einem der 90 Staaten, in denen BlackRock tätig ist, »die Wirtschaft« insgesamt zu fördern. Denn zu der Wirtschaft gehört bekanntlich – neben der kleinen radikalen Minderheit der UnternehmerInnen und KapitalistInnen und InvestorInnen – die große Mehrheit der abhängig Beschäftigten. Und eigentlich gehören zur Wirtschaft auch die vielen dauerhaft Arbeitslosen, denen aber diejenigen, die sich als »die Wirtschaft« bezeichnen, keine Arbeitsplätze bieten können, schon gar keine guten oder gar menschenrechtlichen Arbeitsplätze.

Nein: Merz & Co. und ihre Auftraggeber fördern keineswegs »die (gesamte) Wirtschaft« oder die Volkswirtschaft. Im Gegenteil: Der Lobbyist soll in dem jeweiligen Staat die günstigsten Standort-Bedingungen für BlackRock-Geschäfte befördern; auch wenn das zulasten vieler Millionen Beschäftigter und Rentner und Kinder und Schüler und Kranker und auch des Staates geht.

»Finanzkrise nicht vorhersehbar«

Wie sein Unternehmer- und Finanzmilieu hat der ach so »wirtschaftskompetente« Merz nie vor der kommenden Finanz- und Wirtschaftskrise von 2007 gewarnt. Er hat alle Vorzeichen nicht erkannt und ist blind überrascht worden. Es war sogar so: Er warb für »mehr Kapitalismus wagen« und gehörte in seinen Aufsichtsräten und in seinen Lobbygruppen und in der Regierungspartei CDU auch ideologisch-politisch zu den Verursachern der Finanzkrise.

Zu dieser Krise erklärte Merz, zusammen mit dem gleichgesinnten Wolfgang Clement (Ex-SPD): »Insgesamt wurde in weniger als 20 Jahren ein so komplexes System an Abhängigkeiten, Produkten, Bewertungen und Märkten geschaffen, dass niemand mehr den Grad an wechselseitiger Abhängigkeit durchschaute. Als der amerikanische Immobilienmarkt zusammenbrach, hatte niemand erwartet oder auch nur vage geahnt, dass damit die gesamte westliche Wirtschaft an den Rand des Abgrunds geführt wurde.«[93] »Niemand« in Merz' Milieu durchschaute die Entwicklung, »niemand« erwartete sie – Merz gesteht es selbst ein. »Alle« (d.h. eine kleine radikale Minderheit) waren blind beim Wagen von noch mehr Kapitalismus, und Merz war mitten und vorne unter den Blinden.

Organisierte Selbsterblindung

»Niemand« also hat etwas geahnt – auch nicht Friedrich Merz, der sich angeblich in der »Wirtschaft« auskennt. Auch dieser angebliche Experte mit seinem gleichgesinnten Besserverdiener-Milieu stand plötzlich staunend vor einem Scherbenhaufen, den er selbst mitbefördert hatte.

Das ist die organisierte Selbsterblindung der selbsternannten »Wirtschafts«-Elite. Direkt erkennbar wird es auch hier: Merz ist im Beirat der Wirtschafts»prüfungs«gesellschaft Ernst & Young. Sie gehört zu den mitverdienenden Verursachern der Finanz- und Wirtschaftskrise. Sie war Wirtschafts»prüfer« der Wall Street-Bank Lehman Brothers, hat bis zuletzt und gut bezahlt deren Bilanzen geschönt.[94] Da kommt beim Beirat Merz weder Kritik noch Selbsterkenntnis auf. Die Selbsterblindung wird eisern und profitabel durchgehalten.

Auch zu den zuletzt bekannt gewordenen, jahrelangen Betrugshilfen von Ernst & Young beim Betrugs-Konzern Wirecard hat der beredte Merz ebenfalls nichts zu Aufklärung oder gar Verhinderung beitragen können – weder Aufklärung noch Selbsterkenntnis noch Kritik.

Kurzzeitig Wendehals: Auch das kann er

Merz erkannte übrigens zunächst durchaus, dass die Finanzkrise »von Amerika ausgegangen ist«.[95] Ach so, hat er doch was erkannt? Nein, das war demagogisches, populistisches, vorübergehendes Lippenbekenntnis. Sowas kann so einer, das gehört zum selbsterblindeten Reichtums-Mehrer. Wenn die öffentliche Kritik abgeebbt ist, ist auch diese ohnehin diffuse »Kritik« vergeben und vergessen.

Merz' Kompetenz besteht darin, sich selbst zu bereichern und die Selbstbereicherung der noch viel Reicheren – jetzt also der Milliardärs- und Millionärs-Klientel von BlackRock – mitzuorganisieren. Dadurch wurde schon bisher nicht nur die deutsche Gesellschaft sozial desintegriert, sondern auch die Europäische Union.

In welchem Zustand ist eigentlich die führende Regierungspartei Deutschlands, dass jemand wie Merz als gewichtiger Anwärter auf den Vorsitz der CDU und der Regierung gelten konnte und vielen immer noch gilt? Und seit 2017 zum engsten Beraterkreis des CDU-Ministerpräsidenten von Nordrhein-Westfalen und dann auch seit 2021 des Kanzlerkandidaten Armin Laschet gehört?

Friedrich Merz: Noch einige markante, neoliberale Positionen

BlackRock & Co. haben nach der Finanzkrise von 2007 sich schrittweise in die geschwächten Staaten, Banken und Unternehmen der EU eingekauft. Und allen voran war die Bundesrepublik Deutschland das vorrangige Ziel: BlackRock & Co. sind die größten Eigentümer aller 30 DAX-Konzerne und mehr als hundert weiterer wichtiger Unternehmen. So dicht wie in Deutschland sind BlackRock & Co. in keinem anderen EU-Staat vertreten.

Deutschland ist der ungerechteste, asozialste Unternehmer-Staat in der EU und wurde dazu auch unter den Regierungen der christlich lackierten Bundeskanzlerin Angela Merkel und der von Friedrich Merz im Bundestag geführten CDU-Fraktion und ihrer Lieblingskoalitionäre CSU und FDP und notfalls auch immer wieder der SPD weiter ausgebaut.

Merz war für BlackRock erste Wahl, weil er einer der lautesten und politisch hochrangigsten Befürworter der neoliberalen Deregulierung war, die von den USA ausging und auch weiter ausgeht. Die EU unter maßgeblicher Führung der deutschen Regierung kuscht auch unter dem freundlich sprechenden, neuen US-Präsidenten Joe Biden: Aufrüstung weitertreiben, noch mehr US-Rüstungsgüter kaufen, die 2021 vereinbarte Besteuerung von US-Konzernen wie Amazon und Apple doch erstmal auf die lange Bank schieben.

Deshalb hier im Folgenden eine kleine Aufzählung markanter Merz-Positionen:

Kein Mindestlohn!

Merz gehörte zu denjenigen, die selbst vor dem viel zu niedrigen Mindestlohn bis zuletzt warnten: Der Mindestlohn »würde Beschäftigung kosten« und den Wirtschaftsstandort Deutschland schädigen.[96]

Für Merz ist dagegen »Amerika« – er meinte die USA – die »große Faszination«, auch wegen des »flexiblen Arbeitsmarkts«.[97]

Kündigungsschutz abschaffen!

Der Kündigungsschutz soll abgeschafft werden, die 40-Stunden-Woche soll durch die 42-Stunden-Woche ersetzt werden.[98]

132 Euro für Hartz-IV-Empfänger reicht!

Merz hielt immer den Arbeitsmarkt für »überreguliert«. Die Hartz-Gesetze begrüßte er, aber bezeichnete sie als nicht entschieden genug. In einer Rede vor der Klausurtagung der FDP-Bundestagsfraktion plädierte er 2008 für eine Beschränkung der Sozialleistungen. Er berief sich auf das »ganz klare Kontrastprogramm« des konservativen französischen Präsidenten Nicolas Sarkozy, das sich von den Sozialisten abgrenze. Merz verteidigte den Vorschlag aus der »Chemnitzer Studie«, wonach ein Hartz-IV-Satz von 132 Euro pro Monat ausreichend sei.[99]

Staatliche Subventionen für die Rente: nein! Für Unternehmen: ja bitte!

Im Allgemeinen polemisiert Merz gegen staatliche Subventionen, insbesondere bei den Sozialversicherungen, etwa bei der Rente. Gegen Subventionen für marode Banken und staatliche Bankenrettung hat er aber nichts einzuwenden. So bekam die insolvente Commerzbank – Beiratsmitglied: Friedrich Merz – 18,2 Mrd. Euro Staatshilfe, die Bank-Topmanager bekamen 120 Millionen an Boni ausgezahlt.[100]

Auch Unternehmen sollen Subventionen mitnehmen, wo sie sie kriegen können. Zur Verlegung des Nokia-Handy-Betriebs aus Deutschland nach Rumänien schrieb Merz: »In Osteuropa winken geringere Personalkosten und Subventionen. Dieser Handy-Hersteller hat vor wenigen Jahren genau solche Subventionen für sein Werk in Deutschland erhalten, wie er sie jetzt in Osteuropa wieder bekommt. Mit welcher Begründung soll ein Unternehmen diese Subventionen hier nehmen und dort ablehnen? ... Die Karawane zieht weiter.«[101]

Höhere Mehrwertsteuer!

Die große Koalition unter Angela Merkel brach ihr Wahlversprechen und erhöhte die Mehrwertsteuer auf einen Schlag um 3 Prozent. »Nach wie vor halte ich auch die Anhebung der Mehrwertsteuer zu Beginn des Jahres 2007 für grundsätzlich richtig.«[102]

Steuern für Gutverdiener senken!

»Der Spitzensteuersatz muss deutlich unter 40 Prozent liegen.«[103]

Sozialversicherungen auf niedrigstem Niveau!

Die Staatshaushalte stehen »im Würgegriff der Sozialausgaben«, so der Lobbyist.[104] Dabei beruft er sich auch auf den aus der SPD ausgeschlossenen, weit rechts stehenden Banker Thilo Sarrazin, der vor der »Zuwanderung in die Sozialsysteme« warnt.[105]

Krankenversicherung: Die Beiträge sollen gesenkt werden, sie soll nur eine Basisversicherung für das Allernötigste sein. Deshalb zum Beispiel: »Der Zahnersatz könnte aus dem Leistungskatalog wieder herausgenommen werden.«[106]

Private Rente mit BlackRock-Finanzprodukten!

Rentenversicherung: Die Beiträge sollen gesenkt werden, auch sie soll nur eine Basissicherung sein. Als Ersatz wird privatisiert: »Was fehlt, muss durch eine kapitalgedeckte private und betriebliche Altersvorsorge erreicht werden.«[107] Nach seiner Ernennung zum Aufsichtsratschef von BlackRock Deutschland trat er für das BlackRock-Finanzprodukt der »aktienbasierten Altersvorsorge« ein.[108]

Alle Sozialversicherungen privatisieren!

Merz will nicht nur die Renten-, sondern alle vier Sozialversicherungen privatisieren: Kranken-, Renten-, Arbeitslosen- und Pflegeversicherung. Die gesetzlich bestehenden Rest-Versicherungen sollen für eine Übergangszeit lediglich eine »Basisversorgung« bringen.[109]

US-Pensionsfonds sind beispielhaft!

Die »Leistungsfähigkeit« kapitalmarktorientierter Alters- und Vermögenssicherung zeigen für den US-Anbeter Merz »beispielhaft die vielen Pensionsfonds in den USA«, staatliche wie berufliche Pensionsfonds, die auch von Private Equity-Fonds verwaltet werden.[110]

Merz verleugnet die Tatsache, dass immer mehr staatlich finanzierte, betrieblich-berufliche Pensionsfonds und in Deutschland auch die »Riester«-Rente ihre Versprechen nicht mehr einhalten können, auch in den USA: Die einen, wie der größte Pensionsfonds Calpers (öffentlich Bedienstete Kaliforniens) haben die Beiträge für Städte und Kommunen erhöht, andere Fonds haben die Auszahlungen gekürzt. Der staatliche US-Pensions-Sicherungsfonds PBGC hat angesichts dieser Situation seine kommende Zahlungsunfähigkeit angekündigt.

Die Armen sollen mehr Aktien kaufen!

Merz konstatiert die wachsende Arbeits-Armut als unausweichlich: »Wir müssen uns an den Gedanken gewöhnen (und im Stillen haben wir dies längst getan), dass wir auf Dauer eine bestimmte Zahl von prekären Einkommens- und Beschäftigungs-Verhältnissen behalten werden.« Und ebenso unvermeidlich: »Der Anteil der Arbeitseinkommen am Sozialprodukt wird tendenziell abnehmen, der Anteil der Einkommen aus Kapital ebenso tendenziell zunehmen.« Die Lösung: Die Arbeitenden sollen mehr Aktien kaufen und Aktionäre werden.[111]

Gewerkschaften schwächen!

Merz forderte als CDU-Fraktionsvize die Schwächung der »Gewerkschaftsmacht«, weil sie den Wirtschaftsstandort Deutschland gefährde. Er forderte die Lockerung des Kündigungsschutzes und den Ausstieg aus dem Flächentarif-Vertrag: »Die Gewerkschaften müssen sich aus den Betrieben spürbar zurückziehen.«

Merz bezeichnete die bescheidenen Mitbestimmungsmöglichkeiten im Unternehmen – aus den wichtigen Entscheidungen sind sie ganz ausgeschlossen – als »Fremdbestimmung« und als »Sumpf«.

Die Mitbestimmung müsse deshalb eingeschränkt werden, und darüber dürfe eine Regierung auch nicht mit den

Gewerkschaften verhandeln: »Wenn man einen Sumpf austrocknen will, darf man nicht die Frösche fragen.« Für Merz war schon der Versuch des Kanzlers Helmut Kohl, mit den Gewerkschaften ein unternehmerfreundliches »Bündnis für Arbeit« zu organisieren, ein Fehler, eine »Schwäche«: »Schon die Suche nach einem allumfassenden gesellschaftlichen Konsens war falsch.«[112]

Mitbestimmung abschaffen!

Merz will die Mitbestimmung abschaffen. Er plädiert zum einen für die auch vom französischen Banker-Präsidenten Macron forcierte Dezentralisierung: In jedem Betrieb sollen Löhne und Arbeitsbedingungen gesondert ausgehandelt werden. Zum anderen ist die Aktiengesellschaft nach EU-Recht, die Societas Europaea (S.E.) das Vorbild: Sie hat keine verbindliche Regelung für eine Belegschaftsvertretung oder einen Betriebsrat.[113]

Fossile Energieträger sind klimagerecht!

Merz agitierte für die Beibehaltung von Kohle und Atomkraft als Energiequellen. Er gehörte 2010 zu den 40 Unterzeichnern des »energiepolitischen Appells«, der sich gegen die ohnehin vorsichtige Klimapolitik des Umweltministers Norbert Röttgen wandte. Der hatte zu einem »klimagerechten Strukturwandel« aufgerufen. Angestoßen war der Appell von den Energiekonzernen E.ON, RWE, Vattenfall und EnBW und unterstützt von den Vorstandschefs der Chemiekonzerne Bayer und BASF sowie der Deutschen Bank und vom BDI.[114]

Private Hochschulen und Privatschulen!

Gegenüber den überlaufenen und in der Ausstattung maroden staatlichen Hochschulen zeigen für Merz die privaten Universitäten, »dass es auch anders geht«. Die hohen Studiengebühren würden, so Merz, zumindest teilweise durch Stipendien kompensiert. Leider würde in Deutschland bisher die »Neugründung von Privatschulen systematisch erschwert und die Erhebung von Schulgeld begrenzt«. Für die Universitäten nimmt Merz die US-Eliteuniversität Harvard – sie hat nur 20 000 Studenten, die streng ausgewählt sind und mehrere zehntausend Dollar pro Jahr zahlen – zum Vorbild, die aus einem Stiftungskapital von 35 Mrd. Dollar mitfinanziert wird. Merz befürwortete für Deutschland Studiengebühren von 1000 Euro im Jahr, Schulgeld und das Bauen und Betreiben der Gebäude nach dem Muster von Public Private Partnership (PPP).[115]

Merz betrachtet die »Internationale Schule Ruhr« als Vorbild: Hier beträgt das jährliche Schulgeld je nach Schüleralter zwischen 10 800 und 14 800 Euro.[116]

Das Schulgeld soll vom Staat steuerlich begünstigt werden.

Mein Großvater war in der NSDAP – aber kein Nazi!

In der »Kritik« am NS-System zeigt Merz seinen neoliberalen, christlich-katholisch übertünchten Markenkern. 2004 erklärte Merz öffentlich, ihn »packe das Grausen«, als in seiner sauerländischen Geburtsstadt Brilon ein SPD-Politiker zum Bürgermeister gewählt wurde. Der »rote Bürgermeister« müsse abgewählt werden. Denn dort im schönen Rathaus habe sein Großvater Josef Paul Sauvigny bis 1937 als Bürgermeister residiert. Merz rief zum »Sturm auf das rote Rathaus« auf.

Danach wurde aufgedeckt, dass Sauvigny, bis 1933 Mitglied der katholischen Zentrumspartei, 1933 in die SA und

1938 nach seiner altersbedingten Pensionierung in die NSDAP eingetreten war. 1933 hatte er Hitler so begrüßt: Hitler ist heute »eine Kraft, die uns leitet, ein Führer, der uns ruft«. 1937 war er von den Nazis mit Lob in die Pension verabschiedet worden: »Sein Amt verwaltete er stets im nationalsozialistischen Geiste.« Auch für die Umsetzung der Juden-Gesetze hatte er sich stark gemacht. Doch Merz beschönigte und log nach Einblick in die Dokumente: »Mein Großvater ist kein Nationalsozialist gewesen« – er war ja Katholik geblieben.[117]

Die CDU vom Sozialdemokratismus säubern!

Merz bezeichnet die von Merkel geführte CDU als »sozialdemokratisiert«, obwohl man eher von einer Christdemokratisierung der SPD sprechen muss. Merz erklärte zusammen mit Clement: In der »nach links mäandernden Union« finden sich die wertkonservativ und marktwirtschaftlich-liberal orientierten Wähler nicht wieder.[118]

Was in deutschen Unternehmerkreisen unter der Decke kocht, machte der Industrielle und CDU-Bundestags-Abgeordnete Christian von Stetten deutlich. Er ist auch Vorsitzender des einflussreichen »Parlamentskreises Mittelstand« der CDU-Fraktion: »Als Parteichef wird Friedrich Merz den CDU-Mitgliedern und -Anhängern den verlorenen Stolz zurückgeben.«[119]

Gegen Russland und China aufrüsten!

Merz unterstützt – wie das die Atlantikbrücke seit ihrer Gründung tut – die NATO und deren Führung durch die USA. Kritik an US-Kriegsverbrechen wie in Vietnam kam nie auf. So verteidigt Merz auch die von den US-Präsidenten Obama, Trump und Biden geforderte Aufstockung der Militärhaushalte der europäischen NATO-Mitglieder, weil die USA für die Aufrüstung gegen Russland und vor allem China noch mehr Geld brauchen.

Merz verstand sich in der Vergangenheit besonders gut mit den außenpolitischen »Falken«, so mit US-Senator John McCain und mit dem französischen Präsidenten und Transatlantiker Nicolas Sarkozy.[120]

Schon 2018 bezeichnete Merz, eingeladen von der Kanzlei Kellerhals Carrard und der Unternehmensberatung Implement Consulting, bei einer Veranstaltung in der Schweiz vor Wirtschaftsanwälten die »zunehmend aggressiven Staaten China und Russland« als größte Gefahren.

Griechen müssen sparen!

Merz verdeckt, dass die EU die Rechte der Unternehmer fördert und die Rechte der abhängig Beschäftigten bestenfalls zweitrangig sind. So klagte Merz »die Griechen« an, die »Europa und sich selbst über den wahren Zustand ihrer Volkswirtschaft getäuscht« haben. Deshalb müssen die Griechen jetzt sparen![121]

In Wirklichkeit hat die Europäische Kommission mithilfe von Goldman Sachs den Staatshaushalt Griechenlands manipuliert, um das symbolisch für Demokratie stehende Griechenland trotz Überschuldung und Verletzung der Maastricht-Kriterien in die EU zu bugsieren.[122]

Nur die USA können die Freiheit verteidigen!

Merz bewundert prinzipiell die USA als Garant – auch für Deutschland und die EU – für Demokratie, Freiheit und die Werte der offenen und freiheitlichen Gesellschaft. Auch mit dem US-Präsidenten Donald Trump ließ sich Merz das Vorbild nicht trüben. Die von Trump geforderten höheren Militärausgaben der europäischen NATO-Mitgliedsstaaten seien richtig, sie seien auch schon von US-Außenministerin Hillary Clinton gefordert worden. Der Kampf gegen Terrorismus und für Demokratie sei auf der Grundlage gemeinsamer Werte mit den USA zu führen, schrieb Merz in der Zeitschrift des Rotary-Clubs.[123] »Nur die USA können dank ihrer militärischen Stärke die Freiheit verteidigen und für die Weltordnung sorgen.«[124]

Folgen für Deutschland

Merz & Co. haben der Wirtschaft in Deutschland nachhaltig geschadet und wollen dies noch weiter tun, ob an der Spitze der Regierung nun eine Frau Merkel oder ein Herr Laschet steht oder ein Herr Söder oder Herr Merz gestanden hätte. BlackRock steht hinter all solchen Regierungen – wie in den USA, wo BlackRock hinter Obama und Trump stand und auch wieder hinter Biden steht. (s. Seite 31 ff.)

Solche Positionen werden rhetorisch meist weniger aggressiv von anderen Politikern und BundeskanzlerInnen der Regierungsparteien CDU, CSU, FDP und auch SPD und Grünen vorgebracht. Aber die Praxis läuft auf etwas Ähnliches hinaus. So wurde Deutschland mit der Agenda 2010 von Schröder/Fischer (SPD/Grüne) und in der Ära Merkel zum ungerechtesten Staat in der EU – und damit auch für BlackRock & Co. besonders attraktiv:[125]

- Deutschland hat die ungerechteste Vermögensverteilung im Vergleich aller EU-Staaten. Davor liegt nur Litauen. Das hat auch damit zu tun, dass sich Litauen mehr als jeder andere EU-Staat im Griff der USA befindet.

- Deutschland hat den größten Niedriglohnsektor in der ganzen EU.
- Deutschland hat unter Merkel am spätesten einen Mindestlohn eingeführt, der zudem im EU-Vergleich, im Verhältnis zur Kaufkraft, am unteren Rand liegt.
- Deutschland steht unter 27 EU-Staaten an vorletzter Stelle bei der Arbeitsentlohnung von Frauen: In Deutschland ist der Unterschied in der Bezahlung von Mann und Frau bei gleicher Arbeit besonders groß, und dieser Unterschied wuchs unter den von der weiblichen, als emanzipiert geltenden Bundeskanzlerin geführten Regierungen.
- Der ohnehin zu niedrige Mindestlohn, der selbst bei einem Vollarbeitsplatz nicht vor Rentenarmut schützt, wird von Unternehmern millionenfach nicht gezahlt oder – straflos – unterlaufen.
- In Deutschland arbeiten im EU-Vergleich die meisten WanderarbeiterInnen, oftmals weithin rechtlos, zeitlich begrenzt, besonders ausgebeutet: Lkw-Fahrer, Prostituierte, landwirtschaftliche SaisonarbeiterInnen, Bauarbeiter, Fleischzerleger, Haushaltshilfen, ÄrztInnen und PflegerInnen in Krankenhäusern und Altenheimen, Rund-um-die-Uhr-Pflegerinnen in privaten Haushalten.
- So werden etwa im Reinigungs- und Hotelgewerbe 20-Stunden-Arbeitsverträge vereinbart, während in der Praxis dann die Arbeit nur in einer höheren Stundenzahl erledigt werden kann. Millionenfach wird täglich der Mindestlohn nicht gezahlt. Millionenfach wird das Teilzeit- und Befristungsgesetz verletzt (Missachtung der Ankündigungszeit von Schichten). Pro Jahr erpressen Unternehmer mit der Drohung eines empfindlichen Übels – Entlassung, Schließung des Betriebs – etwa eine Milliarde unbezahlter Überstun-

den, wobei die Grauzone der ungemeldeten Überstunden hinzukommt.

- Nach §119 des Betriebsverfassungsgesetzes ist das Behindern von Betriebsräten und die Verhinderung der Wahl eines Betriebsrats eine Straftat, die mit Bußgeld und Gefängnis bestraft werden kann. Solche tausende Straftaten von Unternehmen werden so gut wie nie verfolgt. Dieser Straftatbestand steht bei weitem an der Spitze der justiziellen Nichtverfolgung.[126]

Unterschied zu Angela Merkel

Die Unterschiede zwischen Merkel und Merz sind erheblich geringer als öffentlich-medial inszeniert. In der Auseinandersetzung um den CDU-Parteivorsitz galt Merz als großer Gegenspieler von Armin Laschet. Dabei wurde völlig verschwiegen: Mit Antritt als NRW-Ministerpräsident engagierte Laschet Friedrich Merz als Chefberater, angesiedelt abseits der Öffentlichkeit in der Staatskanzlei. (s. Seite 76)

Die CDU-Vorsitzende und Bundeskanzlerin Merkel hielt von Beginn an die schützende Hand zunächst über die von der Agenda 2010-Regierung Gerhard Schröder (SPD)/ Joschka Fischer (Grüne) nach Deutschland eingeladenen »Heuschrecken«-Investoren (Programm »Entflechtung der Deutschland AG«), dann über die mit und nach der Finanzkrise ab 2007 nachfolgenden Investoren vom Typ Black-Rock & Co.

Merkel machte entsprechend ihrer verharmlosenden Art die tiefgreifende Umgestaltung der Unternehmens- und Arbeitsverhältnisse zum Nicht-Thema: Alles zulassen, was die neuen Investoren machen, öffentlich nicht darüber reden, alles beschweigen. Sie deckte still und leise das, was Merz öffentlich propagierte: Alles nur im Hinterzimmer des Kanzleramts regeln. Eins der wenigstens etwas bekannt gewordenen Beispiele, allerdings nur über die ausländische Presse *(Financial Times)*: Die Umkrempelung der Deutschen Telekom durch die »Heuschrecke« Blackstone, die dem Multimilliardär Stephen Schwarzman gehört. Der Hauptaktionär, der deutsche Staat, vertreten durch das Finanzministerium, half Blackstone heimlich, die Einkommen von 50 000 Beschäftigten erheblich zu kürzen und in das Tochterunternehmen T-Service auszugliedern.[127] Bundeskanzlerin Merkel spielte nach außen die inhaltslose, harmonische Gemeinsamkeit aller Menschen: »Allen Menschen in Deutschland geht es gut.« Sich unbeteiligt geben. Die durch die eigene Politik hinterrücks ermöglichte soziale Spaltung der Gesellschaft verharmlosen, populistisch übertünchen.

BlackRock & Merz als Medienprodukt

Es zeugt von der Komplizenschaft der Leitmedien – der privaten wie öffentlich-rechtlichen – mit BlackRock, dass es erst des politischen Auftauchens von dessen Dienstboten Friedrich Merz bedurfte, um die schon seit einem Jahrzehnt auch in Deutschland heranwachsende Macht von BlackRock & Co. zu thematisieren – und sofort zu verharmlosen.

BlackRock ist auch insofern ein Medienprodukt, als der größte Kapitalorganisator der westlichen Welt und auch der größte Eigentümer an Unternehmen, Banken und Finanzdienstleistern in Deutschland in den Massenmedien so gut wie gar nicht auftaucht.

Die *Bild*-Zeitung veröffentlichte einige Minuten, nachdem die CDU-Vorsitzende Angela Merkel erklärte, sie werde nicht wieder als CDU-Vorsitzende kandidieren, die Meldung: Friedrich Merz ist zur Kandidatur bereit. *Bild* hat offensichtlich Informanten in der CDU-Spitze, co-inszenierte die Kandidatur und agierte als öffentliche Plattform derer, die die Kandidatur von Merz vorbereitet hatten. Die *Bild*-Zeitung, die populistisch-nationalistisch den Anwalt des »kleinen Mannes« und der nackten Frau spielt, agierte als Wahlkampfleiter für den Multi-Millionär Merz.

Die ausufernd wiederholte Diskussion der inhaltsleeren, aber richtungsanzeigenden Schnellschüsse von Merz wie »Steuererklärung auf einem Bierdeckel« und »Deutsche Leitkultur« verdanken ihr Leben allein den Leitmedien.

Interviews und unkritisch wiedergegebene Merz-Zitate, nach der Bild-Veröffentlichung:

- *ARD-Tagesschau* 30.10.2018: »Ab 2005 arbeitete Merz verstärkt in der Privatwirtschaft.«
- *Spiegel Online* 3.11.2018: »Warum Geldverdienen in Deutschland ein Makel ist«
- *Die Zeit* 8.11.2018: »Mehr Bank wagen«
- *Süddeutsche Zeitung* 17.11.2018: »Mehr Merz wagen«
- *Süddeutsche Zeitung* 28.11.2018: »Merz ist bekannt als geschliffener Rhetoriker, messerscharf in der Analyse.«
- *Westfalenpost* 19.11.2018: »Die CDU sollte die Kandi-

daten nach ihren Plänen, Tatkraft, Glaubwürdigkeit beurteilen – nicht nach ihrem Kontostand.«

Manche hatten schon vorher vorgefühlt:

- *FAZ* 20.6.2018: Ein Herz für Friedrich Merz: Kann man nach Friedrich Merz schmachten? Aber ja doch!
- *ZEIT ONLINE* 23.10.2018: Die CDU braucht einen Friedrich Merz.
- *ZEIT ONLINE* 23.10.2017: Der neoliberale Ex-Präsident des BDI, Hans-Olaf Henkel, plädierte schon im Oktober 2017 für Merz als einzig möglichen neuen CDU-Vorsitzenden.[128]

Und nachdem BlackRock plötzlich mit dem Ton des Erstaunens thematisiert wurde, verharmlosten die Leitmedien den größten Kapitalorganisator der westlichen Welt und Deutschlands im Einklang mit Merz zum harmlosen »Vermögensverwalter«. Und die Funktionen von Merz für insgesamt etwa 18 Privatunternehmen und zuletzt für BlackRock sowie seine Beratungsmandate für eine weitaus größere Zahl werden als »berufliche Erfahrungen in der Wirtschaft« verharmlost.

Genauso verharmlosen die Leitmedien die politische Position von Merz als »wertkonservativ«, »wirtschaftsnah« oder »wirtschaftsliberal« – sie lesen es Merz vom Munde ab und geben es als Wahrheit wieder.

Auch der so medienerfahrene Merz organisiert sein Medienleben nicht selbst. Seine Inszenierungen werden von der Medienkanzlei Gauly Advisors koordiniert.

Sie sucht auch die Journalisten aus, die mit Merz in Kontakt kommen dürfen und welche nicht.

Eine Gegenstimme: Wegen seiner »Verdienste« um die Umweltzerstörung erhielt BlackRock-Chef Fink 2017 von der Coordination gegen Bayer-Gefahren (BCG) den *Black Planet Award*.[129]

ArbeitsUnrecht, Niedrig-Löhnerei, Gewerkschaftshass

BlackRock & Co. vermehren als Geschäftsführer der Multimillionäre und Multimilliardäre deren Einkommen und vor allem deren Vermögen. Eine Quelle dieses Reichtums: Die Ausbeutung der abhängig Beschäftigten.

BlackRock-Chef Fink: Einfacher Milliardär

So gehört BlackRock-Chef Laurence Fink mit seinem jährlichen Einkommen in zweistelliger Millionenhöhe und einem Vermögen von »mindestens einer Milliarde US-Dollar«[130] selbst zur ersten Liga der Superreichen.

BlackRock-Manager: Mehrfach-Millionäre

Seine Top-Manager im Vorstand und die Chefs von Tochterfirmen und Auslandsfilialen gehören mehrheitlich (noch) zur zweiten Liga, unterhalb der ersten Liga, in der spielen die Einkommens-Multimillionäre. Laufend wirbt BlackRock Analysten, KI- und Fonds-Spezialisten von Banken und Beraterfirmen ab (»Bieterkrieg der Wall-Street«), auch in London, Paris, Frankfurt, Singapur, mit Angeboten von Millionen-Einkommen, aufgehübscht mit Boni und Vorzugsaktien. Die Angebote und Einkommen für die zweite Liga steigen gegenwärtig besonders schnell, weil im Aufwind der Branche gleichzeitig auch die anderen großen Kapitalorganisatoren wie Vanguard, State Street usw. sich für ihr eigenes Führungspersonal an diesem Bieterkrieg beteiligen.

Zu dieser zweiten Liga gehören dann etwa auch die Vorstände der Unternehmen, in denen BlackRock Miteigentümer ist. Dazu gehören auch die zahlreichen Mittäter der zivilen Privatarmee von BlackRock, also die führenden Manager der Ratingagenturen wie Moody's und Standard & Poor's, der Wirtschaftskanzleien wie Freshfields, der Wirtschafts»prüfer« wie Ernst & Young, der Unternehmensberater wie McKinsey und Accenture, der PR-Agenturen wie FleishmanHillard. Und dazu gehören auch die hochbezahlten Einflussagenten wie Friedrich Merz, John Osborne und Philipp Hildebrand. Sie alle tragen arbeitsteilig und hochbezahlt dazu bei, die Ausbeutung der abhängig Beschäftigten zu organisieren und abzusichern.

BlackRock-Angestellte: Einfach-Millionäre im Wartestand

In der dritten Liga spielen und schuften die »Normal«-Angestellten. An ihrer Spitze stehen die Direktoren, die in den reichen Staaten wie USA, Schweiz und Deutschland etwa 250 000 US-Dollar pro Jahr Grundgehalt bekommen, in kleineren und nicht so reichen Staaten ist das weniger. Ihnen allen hat BlackRock für 2021 eine Erhöhung des Grundgehalts von 8 Prozent versprochen.[131] Freilich ist das nur das Grundgehalt. Wer viel und noch mehr leistet, bekommt noch Boni drauf und Vorzugsaktien.

So ist die von oben nach unten fein abgestufte 16 000-Mann-/Frauschaft von BlackRock gut gerüstet, um die Ausbeutung von vielen Millionen NiedriglöhnerInnen zu organisieren bzw. organisieren zu lassen.

Massenhafte, gestufte Niedriglöhnerei

BlackRock & Co. profitieren von Niedriglöhnerei in nationalen und globalen Lieferketten – bei Amazon und Apple genauso wie bei Tesla –, dulden ohne Widerspruch die Fernhaltung von Gewerkschaften und Tarifverträgen und fördern millionenfache prekäre Arbeitsverhältnisse in den USA, in der EU und in der Türkei, in Südamerika und Asien und weltweit.

So setzen sich Konzerne, in denen BlackRock Großaktionär ist, seit Jahren zum Beispiel mithilfe ihrer Lobbyorganisationen – in Deutschland sind dies BDI, BDA, CDU, CSU und FDP, Medien wie die *FAZ* – gegen die in der UNO beschlossene, strafbewehrte Regulierung der globalen Lieferketten ein *(Binding Treaty on Business & Human Rights)*[132] und schwächen die nationalen Arbeitsgesetze bis zur Unkenntlichkeit ab.

BlackRock-Lobbyist: Deutschland lässt bei Niedriglöhnerei nach!

So lobte der BlackRock-Europa-Chef, Philipp Hildebrand: Die Bundesrepublik Deutschland sei mit den vier Hartz-Gesetzen – erweiterte Leiharbeit, erweiterte Teilzeitarbeit, gekürzte und strenger kontrollierte Leistungen für Arbeitslose, neue Jobcenter – in Europa vorbildlich gewesen.

Leider aber habe Deutschland unter den Folgeregierungen nachgelassen, deshalb forderte Hildebrand: »Deutschland muss in Europa vorangehen. In den vergangenen Jahren hat Deutschland, was Strukturreformen angeht, seine Führungsrolle immer weniger wahrgenommen. In einigen Bereichen ist man sogar rückwärtsgegangen, etwa bei der Rente mit 63.«[133]

BlackRock & Co.: Großaktionäre im US-Schlachtkonzern Tyson Foods

BlackRock, Vanguard, State Street und T. Rowe Price sind beispielsweise die Großaktionäre beim größten Schweineschlacht-Konzern in den USA, Tyson Foods. Hier wurden, vor allem im größten Tyson-Schlachtbetrieb in Waterloo/Iowa, die meist migrantischen und afroamerikanischen Fleischzerleger auch nach Ausbruch der Corona-Pandemie von den Geschäftsführern zur Arbeit getrieben. Sie verweigerten Tests und Schutzmaßnahmen, weil das nur die Angst vor Infektionen schüre. Der Gouverneur von Iowa, ein Rassist aus der Republikanischen Partei, unterstützte das. Die Lobby erreichte bei Präsident Trump, dass die Fleischindustrie zur »systemrelevanten Infrastruktur« erklärt wurde. Erst als viele Beschäftigte nicht mehr zur Arbeit kamen, ordneten die örtlichen Behörden Tests an: 30 Prozent der 3000 Beschäftigten in Waterloo erwiesen sich als infiziert. Ähnlich war es in Tyson-Betrieben in Georgia und Washington.[134]

Hier wirkte sich aus, dass ähnlich wie beim größten Schweineschlacht-Konzern in Deutschland, Tönnies, schon traditionell lange vor der Pandemie die Ausbeutungsverhältnisse extrem waren und bevorzugt erpressbare Arbeiter eingestellt wurden.[135]

Weder BlackRock-Vertreter noch die Verantwortlichen der anderen Tyson-Aktionäre Vanguard, State Street und T. Rowe Price nahmen Stellung oder forderten gar Verbesserungen der Arbeitsverhältnisse, weder vor noch während der Pandemie.

BlackRock & Co. blieben in den hochkritischen Skandalberichten der *New York Times* über Tyson unerwähnt: Vanguard und BlackRock sind nicht nur Großaktionäre von Tyson, sondern auch dieser führenden »liberalen« Zeitung.

Digitalisierung der Arbeit: Aufteilung in immer kleinere Portionen

Die Digitalkonzerne GAMFA – Google Amazon Microsoft Facebook Apple – und z. B. auch Tesla haben seit ihrer Gründung die systemische Niedriglöhnerei vorangetrieben, in den USA selbst und weltweit. (In allen sind BlackRock & Co. neben den Gründern wie Bezos, Zuckerberg, Gates und Musk die Großaktionäre.):

- So lässt Apple die im Silicon Valley designten Luxuscomputer, Smartphones, Notebooks, MP3-Player, Tablets durch die kasernierten Niedriglöhner des taiwanesischen Konzerns Foxconn in asiatischen Niedriglohnstaaten und auch in Irland endmontieren.[136]
- Amazon verweigert auch in den reichen Staaten wie den USA, in Deutschland und prinzipiell auch in EU-Staaten wie Polen Tarifverträge, setzt viele befristete Leih- und Saisonarbeiter ein. In den USA verhungert ein Teil der Amazon-Beschäftigten nur deshalb nicht, weil sie Essensgutscheine aus dem staatlichen Armutsbekämpfungs-Programm bekommen.[137]
- Amazons Tochterfirma Amazon Mechanical Turk (MTurk) organisiert *Crowdworking*: ohne Arbeitsvertrag und ohne Verhandlung über die Bezahlung vergibt MTurk einzelne Projektaufträge, die ohne zeitliche Festlegung gegen ein vorgegebenes Entgelt erledigt werden. Die Auftraggeber bleiben meist anonym, der Beauftragte gilt nicht als Arbeitnehmer. Die Projekte können in kleinste Portionen aufgeteilt werden. MTurk gibt keine Gründe an, warum ein bisheriger *Crowdworker* weiter Aufträge bekommt oder nicht oder nur wenige. MTurk ist Vorbild für viele weitere derartige Digital-Vermittler.

- Facebook unterhält über Subunternehmer wie Arvato zahlreiche Großraumbüros mit jeweils 500 bis 1000 Content-Moderatoren, mit Sitz in Silicon Valley, Berlin oder Casablanca/Marokko. Sie sollen im Sekundentakt Pornofotos und Hassmails löschen. Die LöscherInnen, bestenfalls zum Mindestlohn bezahlt, werden meist nur befristet eingestellt, weil sie wegen des hohen psychischen Stresses verschlissen werden und die Arbeit nur kurz aushalten.[138]
- Der drittgrößte Wohnungskonzern in Deutschland ist LEG – BlackRock & Co. sind die bestimmenden Aktionäre. Bei den 145 000 Wohnungen kümmern sich 406 Beschäftigte der Firma TSP um Heizungen, Sanitäres, Maler- und Holzarbeiten, Grünflächen. Während der Pandemie haben sie mit Verdi an 18 Tagen hilfsweise digital gestreikt, für einen Tarifvertrag. Die Forderungen ergeben zusammen 0,9 Millionen Euro – abgelehnt. Aber allein dem Vorstandschef Lars von Lackum genehmigten BlackRock & Co. eine um 1,4 Millionen erhöhte Jahresvergütung.[139]

»Stakeholder-Kapitalismus«

Fink hat erkannt oder jedenfalls verkündet: Der bisherige Kapitalismus »ist zu weit gegangen«. Der *Shareholder-Kapitalismus* habe ausgedient. Deshalb propagiert der BlackRock-Chef jetzt einen neuen Kapitalismus, den *Stakeholder-Kapitalismus*: Nicht nur wie bisher sollen die *Shareholder*, also die Aktionäre, den Gewinn der Unternehmen einstreichen. Nein, verkündet Fink: Auch die *Stakeholder*, also die lokalen Standorte, die Konsumenten und sogar die Beschäftigten der Unternehmen sollen am Gewinn beteiligt werden, jedenfalls irgendwie.

Allerdings haben Fink und andere BlackRock-Funktionäre noch in keiner Aktionärsversammlung für eine Gewinnausschüttung an die Beschäftigten gestimmt. Und noch nie haben sie menschenrechtlich definierte Arbeitsbedingungen und Arbeitsentgelte gefordert, etwa einen erhöhten Mindestlohn, etwa das Verbot von Werkverträgen und Leiharbeit.

Und die immer mehr ausgelagerten Beschäftigten in den globalen Lieferketten, die gestressten *Content-Moderatoren*, die vertragslosen *Crowdworker* – sie alle gehören nicht einmal theoretisch zu den *Stakeholdern*.

ETF: Die private »Europa-Rente« für die Verarmten

Seit 2020 ist die EU-Verordnung zur privaten Altersvorsorge in Kraft:

In allen westlichen kapitalistischen Staaten sinken wegen BlackRock & Co. und den kleineren unregulierten Mittätern wie Private-Equity-Investoren (»Heuschrecken«) und Hedgefonds die Arbeitseinkommen. Das gilt für die prekär beschäftigten Niedriglöhner über die Mehrheit der »Normalverdiener« bis in die Mittelschichten, und dies wiederum besonders für Frauen und Migranten.

Selbst wenn die Arbeitseinkommen und die Mindestlöhne ein bisschen erhöht werden – die Kosten für Miete und Mietnebenkosten, Energie, Transporte, staatliche Dienstleistungen, medizinische Versorgung (etwa durch Zusatzversicherungen) steigen. Das betrifft die Mehrheit der Bevölkerungen, auch in den »reichen« Staaten der EU – in den USA sowieso und schon viel länger.

Mit den sinkenden Arbeitseinkommen der Mehrheit der abhängig Beschäftigten sinken auch die bisherigen, vom Arbeitseinkommen abhängigen, vom Staat direkt oder indirekt organisierten Renten und deren Kaufkraft.

Mehrfach-Krise: Staatliche, betriebliche und private Renten

Die traditionelle, vom Staat organisierte Rente sinkt, zum einen wegen der sinkenden Arbeitseinkommen bzw. wegen deren sinkender Kaufkraft, zum anderen wegen der sinkenden Zuschüsse aus dem Staatshaushalt. Die öffentlichen Haushalte der westlichen kapitalistischen Staaten müssen »sparen«, auch weil BlackRock & Co. die globale Steuerflucht ihrer Kunden organisieren.

Wegen dieser Rentenkrise haben Versicherungskonzerne und Banken schon seit langem ein neues Geschäftsfeld entwickelt: private Zusatzrenten. Sie werden in den meisten kapitalistischen Staaten von den Regierungen steuerlich gefördert. Dabei ziehen die privaten Versicherer aber hohe Gebühren ein, und die Anlage des eingezahlten Geldes auf den Kapitalmärkten ist riskant und Krisen unterworfen. So ist auch in Deutschland die vor 20 Jahren von der SPD/Grünen-Regierung im Rahmen der Agenda 2010 eingeführte private »Riester«-Rente eine große Enttäuschung.[140]

Eine weitere Zusatzrente, die betriebliche Rente, hilft im Wesentlichen nicht: Sie lohnt sich für die Besserverdiener, Manager, Geschäftsführer, Vorstandsmitglieder und für die festangestellten Kernmannschaften etwa der Auto- und Pharmakonzerne. Aber die meisten anderen Beschäftigten, die Befristeten, Prekären, die Beschäftigten in Sub- und Kleinunternehmen, die Selbständigen und Schein- und Solo-Selbständigen und die vielen vertragslosen *Gig Worker* – sie alle gehören gar nicht zu diesem System.

Ach, und übrigens, wo wir schon dabei sind: Die Pensionen der StaatsbeamtInnen sind gar nicht gefährdet. Sie sind, so in Deutschland, erstens im Durchschnitt zweieinhalbmal höher als die gesetzlichen Renten der abhängig Beschäftigten, und die PensionärInnen leben zudem länger und beziehen die höhere Pension öfter.[141]

Die »Volks«aktie ETF: Alle Menschen sollen Aktionäre werden

Deshalb haben BlackRock & Co. für den »kleinen Mann« und die »kleine Frau« eine neue, einfache, billige Geldanlage erfunden: Das ist die neue »Volksaktie« namens *Exchanged Traded Funds* (ETF): Die ETF-»Volks«aktie ist eine Geldanlage für kleine Beträge. Das Einzahlen kann schon mit ein paar Euro beginnen, ist in der Höhe nicht festgelegt – und die Gebühren betragen fast Null. Zauberhaft, nicht wahr? Der größte Zauberer dieser Art ist natürlich BlackRock – wie könnte es anders sein?

Nach dem Aufstieg mithilfe des Kapitals der Superreichen sind BlackRock & Co. dazu übergegangen, auch für die Masse der abhängig Beschäftigten eine Kapitalanlage zu entwickeln: Alle Menschen sollen Aktionäre werden können.

Das Finanzprodukt ETF wurde von der britischen Bank Barclays erfunden, allerdings für Besserverdiener. BlackRock kaufte im Jahre 2000 diese Abteilung von Barclays auf und entwickelte ETF zu einem Massenprodukt.

ETF ist ein sogenannter Indexfonds: Man kauft damit nicht die Aktie eines bestimmten Unternehmens, sondern einen gleichzeitigen Anteil an allen Unternehmen eines Index. Einen Index bilden zum Beispiel die 500 führenden US-Aktiengesellschaften im S&P500 (Börse New York), die 700 führenden Aktiengesellschaften Chinas (MSCI China), die 40 führenden Aktiengesellschaften Frankreichs im CAC (Börse Paris), die 30 führenden Aktiengesellschaften Deutschlands im DAX (Börse Frankfurt) und auch die 20 führenden Aktiengesellschaften Belgiens im BEL20 (Börse Brüssel): Zum BEL20 gehören etwa Anheuser Busch InBev, Argenx, Galapagos, Groupe Bruxelles Lambert, ING Group, KBC Group, UCB und Umicore. Wenn man also einen ETF von BEL20 kauft, hat man gleichzeitig Anteile an allen diesen 20 belgischen Unternehmen.

Die Vorteile der neuen »Volks«aktie

Dabei werden bei ETF folgende Vorteile versprochen:

- Weil dieses Wertpapier gleichzeitig an allen wichtigen Unternehmen eines Staates beteiligt ist, wird das Risiko gestreut: Wenn etwa in Belgien die Aktie des Brauerei-Konzerns Anheuser Busch im Wert fallen sollte, wirkt sich das im Gesamtwert aller Aktien kaum aus.
- Weil für ETF kein Verwaltungsaufwand nötig ist und BlackRock die ETFs mithilfe von Algorithmen über seine automatisierte Datenverwertungs-Tochter ALADDIN verwaltet, fallen für die Käufer nur minimale Gebühren an: z.B. nur 0,5 Prozent im Unterschied zur traditionellen Vermögensverwaltung, die etwa 2 Prozent kostet.

BlackRock & Co. bilden und verkaufen neben den genannten nationalen Indexfonds auch viele weitere Indexfonds, z.B. Branchen-Fonds mit den Aktien mehrerer Immobilien-, Rohstoff- und Energiekonzerne, neuerdings auch mit Unternehmen für erneuerbare Energien (Umwelt-Indexfonds).

BlackRock, Vanguard und State Street beherrschen den ETF-Weltmarkt zu vier Fünftel. Als ETF-Entwickler für Black-

Rock agiert dessen Tochtergesellschaft iShares. iShares verkauft die ETFs in großen Paketen an die normalen, traditionellen Banken, Sparkassen und Vermögensverwalter: Die verkaufen dann die ETFs in kleinen und kleinsten Päckchen an die Endkunden. (Dass heutzutage Hedgefonds und andere Spekulanten mit größeren ETF-Paketen spekulieren, ist natürlich klar, das lassen wir mal beiseite.)

Nachteile gibt es natürlich auch: Die ETF-Käufer werden enteignet

Die ETFs können zwar zeitlich begrenzt sicher sein, in Phasen des allgemeinen oder jedenfalls durchschnittlichen Aufstiegs der börsennotierten Aktien. Dies trifft auch zu für spezielle Indexfonds, etwa für Wind- oder Solarenergie, für Roboter und Videospiele, die konjunkturell im Aufwand sind.

Aber es gibt keine Sicherheit, dass die Aktienwerte und damit die ETF-Werte von BEL20, CAC40, DAX30 und S&P500 dauerhaft ansteigen: So hat 2008 die Insolvenz der Banken, verursacht durch die auch von BlackRock & Co. geförderten Finanzprodukte, zur »Finanzkrise« und zum Absturz der meisten Aktien, auch der ETF-»Volks«aktie geführt. Und gleichzeitig wurde die Mehrheit der westlichen Bevölkerungen und abhängig Beschäftigten verarmt, weil »ihre« Staaten mit viel Geld die Bankrotteure retteten und die Infrastruktur entweder verfällt oder privatisiert und verteuert wird.

Die ETF-Käufer werden enteignet: Die Stimmrechte bleiben bei BlackRock & Co.:

- BlackRock & Co. bleiben aktienrechtlich die Vertreter der ETFs, die Käufer und Besitzer der Volksaktie haben keine Stimme in den Aktionärs-Versammlungen.

- Damit erweitern die ETFs das Volumen des von BlackRock & Co. eingesetzten und verwalteten Kapitals.
- Weil BlackRock & Co. auch gleichzeitig die Eigentümer der »richtigen«, der primären Aktien sind, steuern sie die Wertentwicklung dieser Aktien, die dann wiederum die Grundlage für die Wertentwicklung der sekundären Aktien, der ETFs sind.[142]

Gleichzeitig sinken die Staats- und Arbeitseinkommen

Die Dreier-Top-Liga der neuen Großinvestoren, also BlackRock, Vanguard und State Street bilden das ETF-Monopol und verstärken mithilfe von ETF ihre Führungsrolle innerhalb der bestimmenden Aktionäre der Digital-, Auto-, Pharma-, Bau-, Zement-, Logistik-, Rüstungs-, Finanz- und Versicherungskonzerne. So fallen den drei Top-Ligisten auch Fusionen und Übernahmen noch leichter als vorher. So wurde es etwa bei Bayer mit Monsanto (Pharma), Lafarge mit Holcim (Baustoffe) durchgezogen, ebenso in der US-Flug- und Bankenindustrie. So laufen schon seit Jahren die Versuche zur Fusion der beiden deutschen Großbanken Deutsche Bank und Commerzbank. Durch Fusionen werden zehntausende Arbeitsplätze abgebaut, werden Preise erhöht.

Und so hatte es im Mai 2021 der größte deutsche Wohnungskonzern in Deutschland, Vonovia AG, angekündigt: Wir kaufen den zweitgrößten deutschen Wohnungskonzern, Deutsche Wohnen AG – in beiden ist BlackRock der größte Aktionär. (s. Seite 131 ff.) Die Übernahmen und Fusionen führen zur noch weiteren Verringerung des Wettbewerbs, zu marktbeherrschender Stellung und zu den bekannten, gewollten »Synergie-Effekten«: Abbau von Arbeitsplätzen, Senkung von Arbeitseinkommen, Erhöhung von Preisen und Gebühren.

Das wurde für einzelne Branchen wie die Flug- und Pharmaindustrie im Einzelnen nachgewiesen.[143]

BlackRock & Co. organisieren für ihre superreichen Kunden die globale Steuerflucht, entziehen damit den Staaten Geld für soziale Zwecke – auch etwa Zuschüsse für die Rentenkassen – und für die öffentliche Infrastruktur.

Wachsende Arbeits- und Rentenarmut in der EU

Die EU fördert die Verrechtlichung und weitere Ausbreitung »atypischer« Arbeit, also prekärer, befristeter, Teilzeit- und migrantischer Arbeit. Zu den »atypischen« Arbeitsformen gehört auch der Nullstunden-Vertrag nach britischem Vorbild (*Zero Hour Contract*): Arbeitsverhältnis ohne garantierte Zahl an Arbeitsstunden, es können auch mal Null Stunden pro Woche sein.[144]

Hinzukommt das *Gig Working*: Erledigung von einzelnen, auch sehr kleinen Arbeitsprojekten – schon ab 1 Euro Honorar – ohne Arbeitsvertrag. Die Auftragserteilung erfolgt per App auf dem Smartphone. Es gibt keine Tarifverhandlungen, der eigentliche Auftraggeber bleibt meist anonym. Dies hat die EU 2017 in der *Europäischen Säule Sozialer Rechte* (ESSR) kodifiziert[145] und beim EU-Sozialgipfel am 7./8. Mai in Portugal als Grundlage der zukünftigen Arbeitsrechte bekräftigt.[146]

Diese Entwicklung wird durch die Corona-Politik noch beschleunigt: Die Arbeit wird auf immer kleinere Portionen aufgeteilt, ob mit oder ohne Arbeitsvertrag. Die Plattform-Konzerne wie Deliveroo, Uber, WeWork, Mechanical Turk und PeoplePerHour erzwingen die Solo-Selbständigkeit der Beschäftigten, zahlen keine Sozialversicherung, verhindern so weit wie möglich reguläre, vertraglich geregelte Arbeitsverhältnisse und hassen Gewerkschaften und kollektive Tarifverträge.[147]

Die Europäische Kommission sieht deshalb für die Zukunft in der ganzen EU eine wachsende Arbeitsarmut voraus, mit nochmaliger Verschärfung bei Frauen und migrantischen Beschäftigten: Das sind etwa Lkw-Fahrer, Bauarbeiter, Logistikbeschäftigte, Auslieferer, PflegerInnen in Krankenhäusern, Altersheimen und privaten Haushalten, Saisonkräfte in der Landwirtschaft und im Tourismus und Leiharbeiter in der Fleischindustrie.

Auch deshalb empfiehlt die Kommission zusätzliche Formen der privaten Altersvorsorge – freilich ohne zu sagen, woher gerade diese Menschen mit besonders geringen Arbeitseinkommen das Geld dafür nehmen sollen.[148]

BlackRocks Renten-Lobbyisten in der EU unterwegs

So wirbt BlackRock als oberster ETF-Lobbyist in der EU inzwischen damit, dass die ETF-»Volks«aktie sich auch gut für eine zusätzliche private Rente eignet.

BlackRock selbst preist sich damit an, dass sein System in den USA schon seit drei Jahrzehnten im Auftrieb ist und seit einigen Jahren in weiteren Staaten des traditionellen US-Einflussgebietes ebenfalls gesetzlich verankert wurde, so in Großbritannien, Australien, Neuseeland und Japan. Überall seien die staatlichen Renten zu niedrig, die zahlreichen Rentenreformen einschließlich von Lebensversicherungen hätten sich nicht bewährt. Überall seien die Beschäftigten unzufrieden und verlangten nach neuen Lösungen. Und die Regierungen der genannten Staaten fördern deshalb ETF als neue private Zusatzrente.

BlackRock-Lobbyist in Deutschland, Friedrich Merz, warb für diese neue Rente, und natürlich solle der Staat sie steuerlich begünstigen. In Großbritannien warb George Osborne schon als Finanzminister für diese Rente, und nach seinem Ausscheiden aus der Regierung wurde er BlackRocks oberster Renten-Lobbyist in der EU.

Als erster Regierungschef in der EU sprang der Transatlantiker und Ex-Rothschild-Banker Emmanuel Macron auf diesen Zug auf. Seine Regierung brachte 2019 das von der französischen BlackRock-Lobby angeregte Renten-Gesetzespaket im ersten Schritt durch die Nationalversammlung. Mit hoffnungsvollem Blick auf die endgültige Verabschiedung in der zweiten Parlamentskammer, dem Senat, fasste BlackRock sein Gesamtkonzept werbend zusammen.[149]

Europäische Union: Die »Europa-Rente«

Als Einflussagent von BlackRock bei der Europäischen Kommission war insbesondere der ehemalige Finanzminister der Tory-Regierung in England, George Osborne, aktiv. Als er 2016 die Regierung verließ, wurde er hochbezahlter BlackRock-Lobbyist. Gleichzeitig erstellte die Beratungsfirma Ernst & Young im Auftrag der Europäischen Kommission eine Studie: Danach könne das verwaltete Vermögen in der privaten Altersvorsorge in der EU von 0,9 Billionen Euro im Jahre 2017 auf 2,1 Billionen Euro im Jahre 2030 anwachsen.[150]

So veröffentlichte die Europäische Kommission 2017 den Vorschlag für eine Verordnung über ein »europaweites persönliches Altersvorsorgeprodukt«: Englisch heißt es *Pan European Personal Pension Product.* Mit der Abkürzung PEPP wird es europaweit angepriesen. Damit könne man, so die Kommission, die bisherigen staatlichen und betrieblichen Renten »aufstocken« und auch ganz unabhängig von Renten für das Alter vorsorgen. Das treffe auch für Selbständige, Landwirte, Arbeitslose und auch schon für Studierende zu:

Alle könnten und sollten vorsorgen. Die EU-Mitgliedsstaaten sollen PEPP zudem steuerlich fördern.

Damit erstellte die EU einen »Rechtsrahmen zur Schaffung eines erfolgreichen europäischen Marktes für einfache, effiziente und wettbewerbsfähige Produkte für die private Altersvorsorge«. Die endgültige Regelung entstand durch Zustimmung des Europäischen Parlaments am 20. Juni 2019.[151]

EU-Standardprodukt: Unter der Regie von BlackRock & Co.

Das von der EU geregelte Finanzprodukt PEPP ist digital und grenzüberschreitend vertreibbar, die Gebühren müssen transparent sein und dürfen 1 Prozent nicht überschreiten. Die PEPP-Sparer dürfen nach fünf Jahren den Anbieter wechseln und können zwischen mehreren Varianten der Auszahlung wählen. Die Anbieter werden »ermutigt«, die ETFs nach den in der EU empfohlenen ESG-Kriterien anzulegen.

Die EU hat zur Unterstützung einen Experten-Beirat berufen. Er soll bei der Umsetzung der Richtlinie helfen. Zu den 21 Mitgliedern zählt zwar nicht BlackRock, aber mit Vanguard, Fidelity und Amundi sind schon die nächstgrößeren ETF-Schöpfer dabei. Die größte Gruppe der Beiratsmitglieder bilden Vertreter von Versicherungsgesellschaften wie die Allianz (Deutschland) und Aegon (Niederlande). Als Digitalisierungsexperte für Versicherungen ist das Start-Up-Unternehmen Vantik (Deutschland) dabei, als Versichertenberater Forsides (Luxemburg). Auch der Europäische Verbraucherverband mit Sitz in Belgien darf mitmachen.

Alle von der EU-Aufsichtsbehörde für Versicherungswesen und betriebliche Altersversorgung (EIOPA) registrierten Anbieter können das Finanzprodukt verkaufen: Versicherungen,

Banken, Vermögensverwalter, betriebliche Pensionsfonds und Fintechs. Erstentwickler und Erstverkäufer bleiben aber BlackRock, Vanguard, State Street, Amundi, Fidelity & Co.

Einstieg mit Macron in Frankreich

BlackRock betreibt seit 2006 eine Filiale in Paris und wurde auch in Frankreich zum Großaktionär der wichtigsten Unternehmen, also gleichzeitig bei AXA (größter Versicherungskonzern), Vinci (größter Baukonzern), Sanofi (Pharma), Société Générale und BNP Paribas (Banken), Michelin (Autoreifen), Thales (Rüstung) Lafarge Holcim (weltweit größter Zement- und Baustoffhersteller), Alstom, Air Liquide (Industriegase), Accor, Schneider (Computer), Total (Erdöl), Unibail-Rodamco-Westfield (größter Immobilienkonzern), Engie (Energie), zum Beispiel. Damit ist BlackRock der größte Unternehmens-Eigentümer Frankreichs. Die Eigentümerschaft ist aufgeteilt auf traditionelle Aktien und auf die ETF-Anteile am französischen Börsenindex CAC. Das blieb in der Öffentlichkeit die längste Zeit unbemerkt.

Dann zeichnete Staatspräsident Macron im Januar 2020 Jean-Francois Cirelli zum Offizier der Ehrenlegion aus. Da erwachte in breiter Front die Frage: Wer ist Cirelli? Ach so, die Öffentlichkeit hatte es nicht bemerkt (wie bei Merz in Deutschland): Cirelli ist seit 2015 BlackRocks Einflussagent in Paris, Leiter der BlackRock-Filiale, zuständig nicht nur für Frankreich, sondern auch für Luxemburg und Belgien. Er hatte sich für diese Aufgabe qualifiziert, weil er vorher Privatisierungs-Berater aller Regierungen seit Jacques Chirac war. Und deshalb kam BlackRock-Chef Laurence Fink am 1. Januar 2020 extra aus New York zur Auszeichnung Cirellis in die französische Hauptstadt.

So wurde allmählich bekannt: Macron hatte kurz nach seinem Wahlsieg am 25. Oktober 2017 die weltweit zwei Dutzend größten westlichen Investoren in den Präsidentenpalast Elysée eingeladen: Zu seiner rechten Seite saß Laurence Fink, Chef von BlackRock, begleitet von George Osborne, dem Ex-Finanzminister der Tory-Regierung in Großbritannien und seit 2016 BlackRocks Cheflobbyist in Brüssel.

Frankreich: Loi PACTE

Die private Rente der Macron-Regierung ist ziemlich unscheinbar in ein umfassendes Wirtschaftsgesetz eingebaut: Das Gesetz über den Aktionsplan für das Wachstum und die Transformation der Unternehmen (*Plan d' action pour la croissance et la transformation des Entreprises*/PACTE). Es wurde am 11. April 2019 in der Nationalversammlung mit der Mehrheit der Macron-Regierung verabschiedet.

Das Gesetz erleichtert die Gründung und auch die Auflösung von Unternehmen. Ihnen werden Steuererleichterungen gewährt. Der Unternehmens-Anteil an den Sozialversicherungen der Beschäftigten wird von 20 auf 16 Prozent gesenkt. Der Verkauf von Staatseigentum wird gefördert, so etwa des Flughafens von Paris.

Zugleich soll den Unternehmen für Erweiterung und Innovationen mehr Kapital zur Verfügung gestellt werden: Möglichst viele Beschäftigte sollen Aktionäre ihres Unternehmens werden. Lohnanteile sollen als Aktien ausgegeben werden. Insbesondere für kleinere Unternehmen mit weniger als 250 Beschäftigten werden dafür überbetriebliche Fonds gebildet. Die Einzahlungen der Beschäftigten auf ihr persönliches Konto im Betriebsfonds werden vom Staat steuerlich gefördert. Und damit auch die NiedriglöhnerInnen, die gar keine Steuern zahlen müssen, ebenfalls mitmachen, bekommen sie vom Staat eine jährliche »Steuergutschrift« von 15 bis 30 Prozent auf 1000 Euro.

Zwang und Anreize | Das Mitmachen der Beschäftigten wird sowohl durch Zwang wie durch Anreize gefördert: 1. Die Einzahlungen der Beschäftigten sollen mit jeder Lohnerhöhung steigen, und zwar automatisch. 2. Damit die Beschäftigten mitmachen, sollen sich die Unternehmen mit kleinen Beiträgen beteiligen.

Die Beschäftigten sollen bisherige Lebensversicherungen in die neuen Fonds übertragen können. Die angesparten Guthaben sollen flexibel genutzt werden können, z. B. durch eine Auszahlung mit Beginn des Ruhestands – und dann in eine neue Geldanlage fließen.

Bei den Führungskräften wird die Bemessungsgrenze für die Einzahlung in die traditionelle Rente von 27 000 auf 10 000 Euro monatlich gesenkt: Damit sollen mehr Gehaltsanteile für den Kauf von Belegschaftsaktien und ETF zur Verfügung stehen.

Lebenslanges Arbeiten | Zeiten der Arbeitslosigkeit werden nicht nach dem vorherigen Durchschnittsgehalt bewertet, sondern nur nach der eventuellen Entschädigung. Wer keine Entschädigung erhält, erhält keine Rentenpunkte.

- Die Hinterbliebenen-Rente wird auf den überlebenden Ehegatten beschränkt. Vorherige Ehegatten verlieren alle Ansprüche.
- Studienzeiten werden nicht angerechnet.
- Die Alters-Teilzeit wird gefördert. Wer früher in Rente geht, wird bestraft; wer später in Rente geht, wird belohnt.

Das läuft nach der bisherigen Logik für die schlechter bezahlte Mehrheit der Beschäftigten tendenziell auf lebenslanges Arbeiten hinaus, jedenfalls so lange in der Altersarmut noch Kräfte für noch so kleine Zusatzverdienste aufgebracht werden können. Denn die anderen Arbeitsgesetze der vorherigen Regierung unter dem Sozialisten François Hollande und dann jetzt unter Macron – Teilzeit, zeitlich befristete Projektarbeit, einzelbetriebliche Tarifverträge statt überbetrieblicher Tarifverträge – verschärft durch die Digitalisierung, fördern die Arbeitsarmut, damit auch die Rentenarmut und damit den Zwang, auch während der Rente weiterzuarbeiten.

Nationaler Rentenfonds und BlackRock | Die staatliche Überwachung der Fonds soll einem Nationalen Universellen Rentenfonds übertragen werden. Er legt jährlich den Wert der Rentenpunkte fest und damit die Höhe der Auszahlungen. Hier kann die Regierung unmittelbar eingreifen und die Renten nach Beurteilung des gesamtwirtschaftlichen Zustandes jeweils neu festlegen.

Und jetzt kommt das Wichtigste: Die Fonds werden von professionellen Fondsverwaltern wie BlackRock gesteuert (*Gestion Pilotée*); BlackRock wirbt dafür, dass die Fonds auch günstige Finanzprodukte in Finanzoasen wie Luxemburg und Irland kaufen können. Und 2019 gründete BlackRock dafür die Tochterfirma BlackRock Retirement Solutions Group (Lösungen für die Altersvorsorge).

Zur Verbilligung der Gebühren sollen die Fonds digital betrieben und vertrieben werden. Dazu erhalten alle Beschäftigten eine digitale Kenn-Nummer. Zu dieser digitalen Verwaltung hat BlackRock 2019 das Pariser Unternehmen eFront mit 700 Beschäftigten gekauft: Es ist führend bei Software für »alternative Investments«. BlackRock kombiniert eFront mit den weltweiten Risiko- und Spekulationsanalysen von ALADDIN.[152]

Die »Reform« liegt auf Eis – BlackRock macht weiter

Gegen das Loi PACTE, insbesondere gegen den Rententeil, wurde in Frankreich heftig demonstriert. Am 7. Januar 2020 drangen Eisenbahner der Gewerkschaft CGT in Paris in das Bürohaus ein, in dem die Filiale von BlackRock residiert.[153]

Der Senat verfasste eine kritische Stellungnahme zum Gesetzespaket der Nationalversammlung. Aber die abschließende Beschlussfassung fand wegen der landesweiten Demonstrationen bisher nicht statt. Schließlich kam dann noch die Corona-Pandemie. Loi PACTE liegt auf Eis.

Aber BlackRock macht weiter. Im März 2021 kam der Rentenfonds BlackRock ESG (Euro Short Duration Bond Fund) auf den Markt. Er ist ein Teilfonds des ebenfalls in der Finanzoase Luxemburg angelegten BlackRock Strategic Fonds (BSF).[154] Französische Unternehmen sind in dem neuen Fonds mit 18,8 Prozent am höchsten gewichtet.

Gegen-Konzept nötig

Die EU fördert für die Mehrheit der abhängig Beschäftigten Arbeits- und Altersarmut. Das Arbeitsvolumen wird in immer kleinere und zeitlich befristete Teile aufgeteilt. Digitalisierte Arbeit wird zunehmend ohne Arbeitsvertrag verrichtet. Zudem wird die Lebensarbeitszeit immer mehr verlängert. Viele Rentner müssen nebenbei weiterarbeiten.

Und *Working Poor* ist zugleich verbunden mit *Working Sick*: Der Gesundheitszustand verschlechtert sich:

- erstens durch den Abbau der Arbeitssicherheit und die immer geringere Erfassung und Behandlung von berufsbedingten Krankheiten,
- zweitens durch die steigenden Zuzahlungen zu Medikamenten, Vorsorgeuntersuchungen, Versicherungen und Krankenhaus-Aufenthalten.

Damit wird die Zeit, die im Alter gesund verbracht werden kann – trotz steigender Lebenserwartung –, für eine zunehmende Zahl der RentnerInnen kürzer.

In dieser Situation ist ein ganz neuer Ansatz nötig, in der Gestaltung der Renten und des Ruhestands insgesamt. Die bisherigen Renten»reformen« – sechs in Frankreich seit 1993 – haben das Renten-Unrecht für die Mehrheit der abhängig Beschäftigten vermehrt. Das Loi PACTE würde das noch verschärfen.

Demgegenüber müssen die technisch und nun verstärkt digital gesteigerte Produktivität, deren Möglichkeiten und Ergebnisse gerecht verteilt werden, etwa durch Arbeitszeitverkürzung. Das geht auch nur durch die erweiterte politische Kollektivität und Mitbestimmung der Beschäftigten. Das bedeutet auch eine erhebliche Anhebung des Rentenniveaus für die Mehrheit.

Des Weiteren kann und muss die Rentenzeit, der sogenannte Ruhestand, nicht als Endpunkt, sondern als Beginn einer freieren, kreativen Lebensphase gestaltet werden. Zudem darf die längere Lebenserwartung nicht, wie inzwischen schon einsetzend, durch erhöhte Krankheitsraten entwertet werden.[155]

Mieten und Nebenkosten rauf!

BlackRock & Co. als größte Wohnungseigentümer in Deutschland

In wenigen Jahren haben BlackRock & Co. sich mit der stillen Komplizenschaft der Bundesregierung und der Landesregierungen zu den größten Eigentümern von Mietwohnungen in Deutschland gemacht. Die Mieten in den Ballungsräumen steigen exzessiv. Und im Gefolge steigen die Preise der Eigentumswohnungen noch schneller, sie werden mehrheitlich zur Vermietung gebaut. Der Anteil des Einkommens, den Mieter und Wohnungskäufer für ihr Wohnen aufbringen müssen, steigt, die Lebensqualität und Lebenssicherheit sinken. Und übrigens: Die Einkommen der Beschäftigten der Wohnungswirtschaft sinken ebenfalls. Auf jeden Fall aber: Die Gewinne von BlackRock & Co. steigen.

2021: Der größte Wohnungskonzern will den zweitgrößten kaufen

Ungebremst geht mitten in der Corona-Pandemie die Preistreiberei weiter: Im Mai 2021 beschlossen der größte Wohnungskonzern in Deutschland, Vonovia S.E., und der zweitgrößte, Deutsche Wohnen AG: Vonovia kauft Deutsche Wohnen. In beiden Konzernen ist BlackRock der größte Aktionär – gleichzeitig: Bei BlackRock 8,3 Prozent, bei Deutsche Wohnen 11,5 Prozent. Mit etwa jeweils 6 Prozent – ebenfalls gleichzeitig in beiden Konzernen – ist auch der norwegische Staatsfonds Norges als Aktionär vertreten, daneben sind es Massachusetts Financial, Vanguard und State Street.

Die Vorstände, Aufsichtsräte und Aktionäre beider Konzerne haben innerhalb weniger Wochen der Mega-Operation zugestimmt. Die Aktionäre von Deutsche Wohnen sollen für diesen überfallartigen Coup mit einem ordentlichen Aufpreis auf den aktuellen Aktienwert überrascht, gelockt und belohnt werden.[156] Die deutsche Kartellbehörde genehmigte die Fusion auch ohne jegliche sonst übliche Auflagen.[157] Bisher scheiterte die Fusion dann erstmal doch noch (Stand 28.Juli 2021).

Der zukünftige Gesamtkonzern sollte Vonovia heißen, und zu seinen bisher etwa 486 000 Wohnungen kämen noch 155 000 dazu: Das wären dann also insgesamt 640 000 Wohnungen. Es wäre der größte Wohnungs- und Immobilienkonzern Europas, sollte die Fusion doch noch irgendwann zustande kommen.

Das ist aber nicht alles. Auch der bisher drittgrößte Wohnungskonzern in Deutschland, LEG, wollte 2020 den viertgrößten Wohnungskonzern kaufen, die TAG. Das wurde dann nicht weiterverfolgt.[158] Aber die Richtung ist angezeigt.

Bevor wir zu den schon bisher eingetretenen Folgen kommen, betrachten wir die Vorgeschichte.

Zuerst Verkauf an US-»Heuschrecken«

Die Bundesregierung unter dem christlich-national lackierten Helmut Kohl mit CDU, CSU und FDP schaffte 1988 die Gemeinnützigkeit der Genossenschafts- und Werkswohnungen ab und lockte zum Verkauf. Das wurde zunächst mit Wohnungen in der annektierten Ex-DDR durchgezogen. Aufkäufer wurden mit Steuervorteilen und staatlich geförderten Billigkrediten belohnt.

Aber erst die offenen »Transatlantiker« der SPD und der Grünen mit Kanzler Schröder (SPD) und Vizekanzler Fischer (Grüne) stellten als Teil der Agenda 2010 das Programm »Entflechtung der Deutschland AG« auf. Sie brachten den Ausverkauf an US-Investoren richtig in Gang: Whitehall (Tochtergesellschaft von Goldman Sachs), Terra Firma, Deutsche Annington, Permira, Fortress, Cerberus hießen die »Heuschrecken« aus New York mit ihren Filialen in der City of London. Denn deutsche Bundesregierungen seit dem BRD-Gründungskanzler Konrad Adenauer (CDU) und seinem Mehrfachminister Franz-Josef Strauß (CSU) waren und sind überzeugt: Was die Reichen und Mächtigen in den USA machen, das ist auch »gut für Deutschland«.

So kauften die US-»Heuschrecken« mit Steuervorteilen reihenweise große Wohnungsbestände auf – für Schnäppchenpreise ab 30 000 Euro pro Wohnung. Öffentliches Eigentum wurde an Spekulanten verschleudert. Das war nämlich »gut für Deutschland«.

Einige Beispiele gefällig, falls schon vergessen oder noch nie gehört? Bitteschön:

- Die Bundesregierung verkaufte die 82 000 Wohnungen der Gagfah, der Wohnungsgesellschaft der Bundesanstalt für Angestellte (BfA) und 65 000 Eisenbahnerwohnungen.
- Die Berliner Landesregierung von SPD und PDS mit dem Finanzsenator Thilo Sarrazin verkaufte 65 000 Wohnungen.
- Die Stadt Dresden verkaufte unter einem FDP-Oberbürgermeister 48 000 Wohnungen.

- Die CDU/FDP-Landesregierung von NRW verkaufte 91000 Wohnungen.
- Noch 2012 hat die Grüne/SPD-Landesregierung in Baden-Württemberg 21000 Wohnungen verkauft, ebenso 2013 die CSU-Regierung in Bayern unter Ministerpräsident Seehofer und Finanzminister Söder noch 33000 Wohnungen.
- Konzerne verkauften ihre Werkswohnungen: ThyssenKrupp verkaufte 48000 Werkswohnungen, der Energiekonzern E.ON 138000 Wohnungen. Und so weiter.

Das war aber nur der erste Schritt. Nach den »Heuschrecken« kamen von der anderen Seite des Atlantiks die ganz Großen.

BlackRock & Co. kaufen die »Heuschrecken« auf

Nach der Finanzkrise 2007 kauften BlackRock & Co. den geschwächten, überschuldeten »Heuschrecken« die Wohnungen ab. So wurden BlackRock & Co. in wenigen Jahren auch die führenden Eigentümer der fünf größten Wohnungskonzerne in Deutschland. Und die steigenden Gewinne in Deutschland waren die Grundlage für weitere Zukäufe in anderen EU-Staaten wie Österreich und Schweden.[159]

Vonovia: 486000 Wohnungen

Dieser größte Wohnungskonzern in Deutschland hatte es bis Anfang 2021 auf 486000 Wohnungen gebracht (darunter einige zehntausend in Verwaltung für andere Eigentümer). Die Vorgänger-»Heuschrecken« Terra Firma und Annington – sie waren vor BlackRock & Co. die Eigentümer vieler dieser Wohnungen – hatten durch Mieterquälerei ihr Image ruiniert.

Deshalb verpassten die neuen Eigentümer BlackRock & Co. 2015 beim Börsengang dem Konzern den Kunstnamen Vonovia. Die Vergangenheit soll vergessen werden.

Durchschnittliche Mietsteigerungen 2018: vier Prozent, das können in Einzelfällen auch 50 Prozent sein. Vorstandvorsitzender Rolf Buch verkündete stolz: Der Gewinn 2018 beträgt 1,07 Mrd. Euro, 15,8 Prozent mehr als im Vorjahr. Seit 2018 übersteigt der jährliche Gewinn eine Mrd. Euro, auch im Corona-»Krisen«-Jahr 2020. Die Dividende steigt seit 2018 um jährlich etwa 8 Prozent.

Aus den Gewinnen in Deutschland hat Vonovia zunächst 24 000 Wohnungen des Immobilienkonzerns Conwert in Österreich gekauft (2016), dann vom BUWOG-Konzern nochmal 49 000 Wohnungen (2018). In Schweden kaufte Vonovia in zwei Paketen 34 000 Wohnungen, ebenfalls in Ballungszentren, nämlich Göteborg, Malmö und Stockholm. Mit Konzernen in Macrons Frankreich ist Vonovia ebenfalls für Aufkäufe »im Gespräch«.

Die Hauptaktionäre neben BlackRock und Norges sind Vanguard, Fidelity, DWS Investment (London) und Massachusetts Financial.[160]

Deutsche Wohnen: 163 000 Wohnungen – und auch Pflegeheime

Die Deutsche Bank hatte 1998 den Konzern mit einigen zehntausend aufgekauften Wohnungen im Rhein-Main-Gebiet gegründet. Durch Zukäufe sind es gegenwärtig 163 000 Wohnungen, davon 111 000 in Berlin. Zusätzlich hat der Konzern 2600 Gewerbeimmobilien.

Mit den Gewinnen aus den Mieten kaufte der Konzern 2016 für 420 Millionen Euro 28 Pflegeheime mit 4100 Betten, verteilt über Bayern, Baden-Württemberg, Rheinland-Pfalz und Nordrhein-Westfalen. 2018 wurde noch die Pflegen und Wohnen Hamburg dazugekauft: Jetzt sind es schon 12 000 Betten. Auch die Pflege wird dem Gewinnstreben der anonymen BlackRock-Superreichen unterworfen. Und so konnte nach Vonovia auch die Deutsche Wohnen 2020 in den DAX aufsteigen.

Hauptaktionäre: Neben BlackRock und Norges sind es Massachusetts Financial und State Street.

LEG: 134 000 Wohnungen

2008 verkaufte die CDU/FDP-Landesregierung von NRW die 91 000 Wohnungen der Landesentwicklungs-Gesellschaft LEG. Trotz »Sozial-Charta« wurden Mieten erhöht. Sanierungen wurden zurückgefahren. Der Käufer, die US-»Heuschrecke« Whitehall, brachte 2013 die LEG an die Börse: Gewinn für die ursprünglichen Käufer in fünf Jahren: rund 1 Mrd. Euro. Dann kamen BlackRock & Co. Sie haben noch dazugekauft. Inzwischen gehören der LEG 134 000 Mietwohnungen in etwa 100 Städten, vor allem in Nordrhein-Westfalen.

Der LEG-Wohnungsmarktreport 2018 strotzt mit Erfolgsmeldungen: »Köln – Investmentmarkt mit steigenden Mieten und Kaufpreisen«, »Dortmund – Preiswerter Wohnraum wird knapp«, »Düsseldorf – Hohe Preise für Wohneigentum«, »Bonn – Angespannter Markt lässt Angebotsmieten weiter steigern«. Bei erfolgreichen Zukäufen bekommen die Vorstandsmitglieder Boni. Der Gewinn im Pandemiejahr wurde gegenüber dem Vorjahr um 12,3 Prozent gesteigert.[161]

Hauptaktionäre: Massachusetts Financial, BlackRock, Vanguard, Norges, und dazwischen auch ein deutscher Vermögensverwalter: Flossbach von Storch.

Grand City Properties: 85 000 Wohnungen

Erst 2011 gegründet, hat der Konzern vor allem in den Ballungsgebieten Berlin, Köln, Dortmund, Hamburg, Bremen, Dresden und Leipzig bisher 85 000 Wohnungen zusammengekauft. Für das 1. Halbjahr 2019 gab der Konzern einen Nettogewinn von 140 Millionen und eine Steigerung von 7 Prozent gegenüber dem 1. Halbjahr des Vorjahres an.

Hauptaktionäre: Nach dem Gründer und Hauptaktionär Yakir Gabay, israelischer Banker mit Sitz in der Finanzoase London und seiner Finanzholding Aroundtown S.E. in der Finanzoase Luxemburg folgen Massachusetts Financial, Edgepoint, Vanguard, Norges und BlackRock.

TAG: 84 000 Wohnungen

Vor allem in nord- und ostdeutschen Städten hat TAG Wohnungen zusammengekauft. Dazu gehören 11 350 Wohnungen von der Treuhand-Liegenschafts-Gesellschaft TLG, einer Nachfolgefirma der Treuhand, die von 1990–1994 Betriebe der Ex-DDR privatisierte. Großaktionäre: Massachusetts Financial, Capital Group, BlackRock, dazu auch die Bayerische Landesbank, die Versorgungsanstalt des Bundes und der Länder sowie der Investor Flossbach von Storch.

Das sind die fünf bisher größten Wohnungskonzerne in Deutschland, alle mit den Großaktionären von BlackRock & Co., in wechselnder Zusammensetzung. Im Falle einer Fusion zwischen Deutsche Wohnen und Vonovia wären es nur noch vier Konzerne. Und auch das wäre nach dieser Logik nicht das Ende: Die LEG hatte 2020 versucht, den nächstkleineren Konkurrenten TAG zu kaufen. Das klappte nicht – aber die Aktionäre drängen weiter auf Monopolisierung: Davon versprechen sie sich die bekannten »Synergie-Effekte«: Billigerer Masseneinkauf, Entlassungen von Beschäftigten, ausgelagerten Service in Billigfirmen.

Viele kleinere Konzerne im Schlepptau

Diese Entwicklungen auf der Spitze des neuen Eisbergs werden begleitet von ähnlichen, aber kleineren und noch weniger sichtbaren Investoren. In allen Großstädten wachsen Wohnungsspekulanten heran, mit jeweils mehreren tausend Wohnungen, einige Beispiele:

- Adler Real Estate: 58 000 Wohnungen
- Covivio: 41 600 Wohnungen
- Bonava: Projektentwicklung: Der schwedische Konzern kauft Grundstücke, kleine Wohnungskomplexe und Einzelhäuser. Er lässt Eigentumswohnungen bauen und verkauft sie teuer.
- Akelius Residential Properties: Der schwedische Konzern Akelius kauft Einzelhäuser, baut die Wohnungen aufwendig um und vermietet sie. Er hat 50 000 Wohnungen in europäischen Städten, davon 20 000 in Deutschland.
- Luxus-Immobilien: Berkshire Hathaway (Eigentümer von BEWOCON).

Auch Bau, Verkauf, Vermietung von Luxus-Immobilien ist zu einem neuen wachsenden, gewinnträchtigen Immobilien-Segment geworden. Warren Buffett, Chef der Spekulations-Holding Berkshire Hathaway (Miteigentümer: BlackRock) lässt über die Tochterfirma Rubina Real Estate in Berlin Luxus-Residenzen entwickeln und sucht dafür reiche Käufer aus Hongkong, Singapur und China. Ebenso agiert die Berliner Wohnbau Consult (BEWOCON): Für sie sucht der Ex-US-Botschafter in Berlin, John Kornblum von der Investmentbank Lazard, reiche Käufer aus den USA und Asien.

Auch diese Wohnungsspekulanten tragen zum Wohnungsnotstand bei, weil sie die besten Grundstücke (viel Grün, Wassernähe) aufkaufen und den überschuldeten Kommunen dafür viel Geld bieten.

Die neuen Gewinnquellen

Das Problem ist nicht, dass »ausländische« Investoren die Eigentümer von Wohnungen sind. Das Problem ist das asoziale bis kriminelle Verhalten solcher Investoren, potenziert durch ihre unregulierte Marktmacht, verbunden mit der Wohnungsnot in Ballungsgebieten. BlackRock & Co. kaufen nicht irgendwelche Wohnungen, die gerade zum Verkauf stehen, sondern nur dort, wo schon die größte Wohnungsnot herrscht. Dabei werden verschiedene Gewinnpraktiken genutzt, Rechtsbrüche eingeschlossen.

Gewinnquelle I: Konzentration in »Schwarmstädten«

Die Investoren kaufen, bauen, modernisieren gezielt in den Metropolregionen, genannt »Schwarmstädte«: Dort sind Wohnungen sowieso schon knapp und werden durch Zuzug noch knapper. Wohnungsnot steigert den Gewinn, wie die Unternehmer-Postille *FAZ* zustimmend berichtet.[162]

Gewinnquelle II: Modernisierungen

Die Modernisierungskosten werden nicht vom Eigentümer bezahlt, sondern von den Mietern. Sie müssen laut neuem Gesetz pro Jahr 8 Prozent übernehmen (bisher 11 Prozent), als Aufschlag auf die Miete. Nach Abzahlung dieser Kosten wird die Miete allerdings nicht gesenkt. Beliebt: Instandhaltungen – etwa der Ersatz alter, brüchiger Fensterrahmen – werden gesetzwidrig in die Modernisierung eingerechnet.

Gewinnquelle III: Eigentumswohnungen

Ein Teil der gekauften Mietwohnungen wird – saniert oder nicht – in Eigentumswohnungen verwandelt und verkauft. Die meisten bisherigen Mieter haben dafür zu wenig Geld. Ein Teil der Wohnungen wird verkauft, ein Teil wird vom Investor selbst vermietet. Die Investoren kaufen zudem neue Grundstücke, bauen darauf neue Eigentumswohnungen und vermieten sie, ein Teil wird verkauft an Kapitalanleger, die nicht selbst in die Wohnung einziehen, sondern sie möglichst teuer vermieten. Von 2008 bis 2019 sind die Preise für Eigentumswohnungen noch stärker als die Mieten gestiegen: In Berlin im Durchschnitt um 203 Prozent (in einzelnen Stadtteilen und Straßen um das Zehnfache), in München um 192, in Frankfurt um 177, in Stuttgart um 140 Prozent.[163]

Gewinnquelle IV: Umgehung des Vorkaufsrechts

Mieter haben bei der Umwandlung in Eigentumswohnungen ein Vorkaufsrecht. Investoren umgehen das auf vielfältige Weise:

- Sie kaufen Wohnungen in besonders armen Stadtteilen, so Kreuzberg und Moabit in Berlin. Die Investoren kalkulieren damit, dass die Mieter hier sowieso kein Geld haben, um die Wohnung zu kaufen.
- Wenn die Wohnungen unternehmensrechtlich zu einem *Share Deal* gehören (s. Gewinnquelle VII), wird das Vorkaufsrecht der Kommunen ausgehebelt.
- Investoren verzögern die Angebote an die Mieter, sodass ein zahlungskräftigerer Käufer den Zuschlag erhält.

Gewinnquelle V: Umgehung des Zweckentfremdungs-Verbots

Investoren beauftragen Plattform-Vermittler von privaten Wohnungen wie Airbnb mit der Vermietung an Touristen und sonstige Kurzzeitmieter. Drei Mieten à 100 Euro pro Nacht bringen mehr als eine noch so überhöhte reguläre Miete. Die Investoren kalkulieren damit, dass die unterbesetzten städtischen Behörden in Berlin, Köln, Hamburg, München keine ausreichende Kontrolle ausüben. Damit wird zudem der Wohnraum für Dauermieter verknappt, auch deshalb steigen reguläre Mieten.

Gewinnquelle VI: Überhöhte Nebenkosten

Vonovia kündigte den bisherigen Auftragsfirmen für Hausmeisterdienste, Reparaturen und Instandhaltung, Grünflächenpflege, Winterdienste und TV. Stattdessen gründete Vonovia eigene neue Tochterfirmen mit überhöhten Gebühren. In Mietverträgen werden zudem langlaufende Strom- und andere Lieferverträge untergeschoben.[164] Überhöhte Nebenkosten – zudem mit falschen Abrechnungen – werden zu einem eigenen Geschäftsfeld.[165]

Gewinnquelle VII: Steuerflucht nach deutschem Gesetz

Der deutsche Gesetzgeber fördert die Wohnungsspekulation auch durch gesetzlich organisierte Steuerflucht. Sie wird ermöglicht durch die *Share Deals:* Wenn Vonovia, Deutsche Wohnen usw. »nur« 94,9 Prozent einer GmbH kaufen, der ein Wohnblock oder auch eine einzelne Immobilie gehört, brauchen sie die 6 Prozent Grunderwerbsteuer nicht zu zahlen. BlackRock & Co. brauchen dann nur einen Strohmann, der die restlichen 5,1 Prozent fünf Jahre lang hält. Die Nicht-Zahlung dieser für alle anderen Wohnungs- und Immobilienkäufer üblichen Steuer steigert den Gewinn der Investoren (auch gegenüber den kleineren Eigentümern, die solche Tricks nicht anwenden), während damit dem überschuldeten Berliner Haushalt jährlich viele hundert Millionen Euro zusätzlich verloren gehen. (Seit Juli 2021 liegt nach einer »Reform« die Grenze 5 Prozent tiefer: bei 89,90 Prozent, während der Strohmann 10,1 Prozent hält, 10 Jahre lang.)

Kauf von Deutsche Wohnen hätte 1 Mrd. Euro gespart | So hätte Vonovia im Jahre 2021 allein beim geplanten Kauf von Deutsche Wohnen – er hätte 18 Mrd. Euro gekostet – etwa eine Milliarde Euro an Grunderwerbsteuer gespart bzw. gewonnen.[166] Und das wäre gleichzeitig ein Verlust für den sowieso überschuldeten öffentlichen Berliner Haushalt gewesen. Aber den Plan zum Kauf hat Vonovia ja nicht aufgegeben und hat schon bei den vorherigen Käufen von dieser Regelung profitiert.

Gewinnquelle VIII: Internationale Steuerflucht

Alle Investoren bedienen sich der von den Bundesregierungen und der EU geförderten Formen der internationalen Steuerflucht. Das haben schon die »Heuschrecken« der ersten Phase vorgemacht.

Die Investoren schalten für ihre rechtlichen Standorte alle wichtigen Finanzoasen ein: Luxemburg, die Niederlande und Zypern innerhalb der EU, die britischen Cayman und Virgin Islands, den US-Bundesstaat Delaware und die Bermudas. Oft werden mehrere Briefkastenfirmen in mehreren Finanzoasen hintereinander geschaltet (Kaskaden-Konstruktion).[167]

So organisiert BlackRock auch die Steuerflucht seiner individuellen superreichen Kapitalgeber. So hat etwa BlackRock als Hauptaktionär von Vonovia seine 8 Prozent Aktienanteile auf 203 Briefkastenfirmen in einem Dutzend Finanzoasen verteilt: In diesen Briefkastenfirmen stecken die jeweils 50 oder 100 Millionen Dollar oder Euro, die die superreichen, anonymisierten Anleger BlackRock zur Vermehrung anvertraut haben. Die Briefkastenfirmen heißen BlackRock Holdco 4, LLC; BlackRock Holdco 6, LLC; BlackRock Singapore Holdco Pte. Ltd; BlackRock Cayman West Bay IV Ltd; BlackRock Luxembourg Holdco S.a.r.l.; BR Jersey International Holdings L.P.; BlackRock Netherlands B.V. Und so weiter.[168]

Damit werden die Staaten und Kommunen verarmt und haben noch weniger Geld, um selbst günstigen Wohnraum zu schaffen.

Gewinnquelle IX: Laufende Aktienspekulation

BlackRock & Co. warten nicht auf die jährliche Gewinnausschüttung. Sie spekulieren laufend mit den Aktien, kaufen und verkaufen kleinere Aktienpakete, beeinflussen damit die Wertentwicklung, auch durch den kurzzeitigen Einsatz von Leihaktien. Die Spekulation ist dann besonders gewinnträchtig, wenn Krisen wie bei Corona auftauchen oder wenn wie in Berlin der »Mietendeckel« und die Initiative »Deutsche Wohnen enteignen!« die Aktienwerte schwanken lässt.

Gewinnquelle X: Niedriglöhnerei, kein Tarifvertrag

Die großen Investoren wie Vonovia gründen standardmäßig für ihre Wohnungen in Deutschland eine Aktiengesellschaft nach EU-Recht, eine Societas Europaea S.E.; so tun das etwa Vonovia und LEG: Darin gibt es kein gerichtlich einklagbares Recht, einen Betriebsrat nach dem deutschen Betriebsverfassungs-Gesetz zu gründen. Für die Beschäftigten bestehen kaum Tarifverträge.[169]

Vonovia hat neue Tochterfirmen gegründet, da gibt es keine Gewerkschaften, keinen Tarifvertrag. Beispiel: Bei der LEG kümmern sich 406 Beschäftigte der Firma TSP um Heizungen, Sanitäres, Maler- und Holzarbeiten, Grünflächen. Während des Pandemiejahres haben sie mithilfe der Gewerkschaft Verdi an 18 Tagen immerhin digital gestreikt, für einen Tarifvertrag. Die Forderungen ergeben zusammen 0,9 Millionen Euro – der Vorstand hat das abgelehnt. Aber allein dem Vorstandschef Lars von Lackum genehmigten BlackRock & Co. eine um 1,4 Millionen erhöhte Jahresvergütung.[170]

Gewinnabsicherung durch Lobbyisten und Einflussagenten

Um diese Praktiken abzusichern, setzen die Investoren hochbezahlte Lobbyisten und Einflussagenten ein. Das gilt nicht nur für die schon mal bekannt gewordenen Top-Figuren auf der Bundesebene wie Friedrich Merz und seinen Nachfolger Wolfgang Rüdiger. (s. Seite 56)

Auf der Ebene der einzelnen Konzerne setzen BlackRock & Co. zudem Dutzende Einflussagenten ein. Von Mieten und Wohnungen müssen sie nichts verstehen, sie müssen nur auf die richtige Gewinnverteilung achten:

- Jürgen Fitschen, Ex-Chef der Deutschen Bank, wurde zum Vorsitzenden des Vonovia-Aufsichtsrates gemacht, »weil erstklassig in der Politik vernetzt«: Er soll aufpassen, dass die Mietpreisbremse nicht bremst.
- Hildegard Müller ist Präsidentin des Verbandes der Deutschen Automobilindustrie und günstigerweise auch Mitglied im Zentralkomitee der Deutschen Katholiken: Die Kirche ist immer gut für die Absicherung von gesetzlicher Armut (Zustimmung zu den vier Hartz-Gesetzen zum Bei-

spiel) und hohen Privatgewinnen: Frau Müller, die sich mit Mieten und Wohnungen auch nicht auskennt, wurde ebenfalls in den Vonovia-Aufsichtsrat geholt.

- Dr. Sylvia Eichelberg, die auch nicht viel von Mieten verstehen muss, wurde bei Deutsche Wohnen als Aufsichtsratsvorsitzende gewählt: Sie kommt von der Gothaer Versicherung.
- Lars von Lackum, Vorstandschef der LEG, kommt vom Vorstand der ERGO Versicherung.
- Johannes Ludewig, zugleich in Vorstand und Aufsichtsrat der LEG, war vorher Vorstandsvorsitzender des Staatskonzerns Deutsche Bahn.
- Auch Populismus ist ein geübtes Instrument: Vonovia sponsert zunächst für 5 Jahre den Fußballclub VfL Bochum. Vonovia-Flaggen wehen seit 2016 über dem umbenannten »Vonovia Ruhr-Stadion«.[171]

Böse Folgen für Mieter und Beschäftigte

- Mieten und Nebenkosten fressen bis zu 60 Prozent des Einkommens auf. Mieter müssen sich bei Ernährung und Lebensqualität einschränken.
- Zusätzlich steigen die Transportkosten zum Arbeitsplatz, weil ein Umzug in die Nähe des neuen Arbeitsplatzes in der anderen Stadt zu teuer ist. Der Wohnungsnotstand ist somit auch noch ein Geld- und Zeiträuber.
- ALG-II-Empfänger müssen einen Teil ihres ohnehin dürftigen Lebensunterhalts von 446 Euro (2021) monatlich abknapsen und für die Miete drauflegen, weil nach der Jobcenter-Obergrenze immer weniger bezahlbare Wohnungen gefunden werden.

- Bei 100-Prozent-Sanktionen für ALG-II-Empfänger kann auch die Wohnung verloren gehen. Gegenüber 2014 stieg bis 2018 die Zahl der Wohnungslosen um 150 Prozent auf über 800 000 an.
- 2017 wurden 53 600 Zwangsräumungen durchgezogen.
- Millionen Mieter haben Wohnberechtigungsscheine oder Anspruch darauf – in Städten wie Köln und Berlin sind dies die Hälfte der Einwohner. Aber es gibt keine Wohnungen.

Kontrolle, Widerstand, Alternativen

Die Bundesregierungen von Kohl über Schröder bis Merkel haben das asoziale, monopolistische und teilweise gesetzwidrige Eindringen der Wohnungsspekulanten gefördert. Nennenswerter Widerstand kommt nur aus Teilgruppen der Betroffenen. Gewerkschaften und Mietervereine berappeln sich erst.

»Berliner Mietendeckel ist verfassungswidrig«

Die wichtigste gesetzliche Maßnahme gegen die Mietentreiberei war bisher der »Berliner Mietendeckel«. Das Landesgesetz war durch den Berliner Senat aus SPD, Grünen und Linken im Februar 2020 in Kraft getreten. Damit waren die Mieten von 1,5 Millionen Wohnungen auf dem Stand von Juni 2019 eingefroren. Die Mieten sollten erst ab 2022 wieder steigen dürfen, zum Inflationsausgleich, höchstens um 1,3 Prozent pro Jahr. Wenn eine Wohnung neu vermietet wird, galten Obergrenzen nach Mietspiegel. Mieten, die mehr als 20 Prozent über dem Mietspiegel lagen, mussten gesenkt werden. Wohnungen, die nach 2014 gebaut wurden, waren allerdings ausgenommen. Der Deckel war auf fünf Jahre befristet.

Ein tiefer Eingriff war das nicht. Aber für BlackRock & Co. und ihre Lobbyisten in CDU, CSU und FDP war das zu viel. Sie gingen vor das Bundesverfassungsgericht. Am 25. März 2021 urteilte es: Das Gesetz verletzt die übergeordnete Gesetzgebungskompetenz des Bundes! Der Mietendeckel ist verfassungswidrig! Aber: An diesem Urteil sind Zweifel angebracht. Denn die Bundesgesetze einschließlich der »Mietpreis-Bremse« bremsen keine Miete.[172]

Wohnen ist ein Menschenrecht!

»Wohnen ist ein Menschenrecht!« (Artikel 25 der Allgemeinen Menschenrechte) In Deutschland muss erst wieder bekannt gemacht werden, dass eine sichere und bezahlbare Wohnung zu den universellen Menschenrechten gehört. Auch ein gerechtes Einkommen, das den Unterhalt einer Familie in Würde ermöglicht, gehört – sogar den deutschen Gewerkschaften muss man das erst klarmachen – zu den Allgemeinen Menschenrechten (Artikel 23).

Deutsche Wohnen enteignen!

Die wichtigste politische Aktion zur Umsetzung des Menschenrechts auf Wohnen ist bisher die Initiative »Deutsche Wohnen enteignen!« Die Initiative fand in Berlin, wo die meisten Wohnungen von Deutsche Wohnen sind, große Zustimmung in der Bevölkerung. Die für das Gesetzgebungsverfahren nötigen 250 000 Unterschriften waren im Mai 2021 fast vollständig gesammelt.

Daran orientiert sich zum Beispiel die Europäische Bürger-Initiative »Housing for All!« Sie kommt aus Wien, der europäischen Stadt mit den meisten öffentlichen Wohnungen: »Wir müssen dieser Spekulation radikal entgegentreten! Das zerstört unsere Gesellschaft, das ist der Boden der radikalen Rechten in Europa! Da müssen wir ein Zeichen setzen!« So die Sprecherin der Initiative.[173]

Rahmenbedingungen ändern!

Wenn die Wohnungsnot gestoppt und gewendet werden soll, müssen die Rahmenbedingungen geändert werden:

- Keine Nullzins-Kredite an Spekulanten durch die EZB
- Stopp der von BlackRock & Co. ermöglichten Steuerflucht und der Anonymisierung der wirtschaftlich Berechtigten
- Abschaffung der *Share Deals*
- Verbot von direkten und indirekten Wohnungs-Kartellen (gleichzeitige führende Eigentümerschaft in mehreren Wohnungsunternehmen), Neufassung des Kartellrechts
- Bekämpfung der Wohnungs-Zweckentfremdung durch Plattform-Vermittler
- Bestrafung für falsche Nebenkosten-Abrechnungen
- Stopp für Luxussanierungen
- Keine Umlage von Modernisierungskosten auf die Mieter
- Gründung öffentlicher Wohnungs-Gesellschaften, öffentlich finanzierter Neubau
- Erhebliche Personalaufstockung in den Bau- und Aufsichtsbehörden der Kommunen
- Wesentliche Erhöhung des gesetzlichen Mindestlohns, Kontrolle seiner Umsetzung; Erhöhung der unteren Arbeitseinkommen überhaupt.

Menschenrecht auf Wohnen
mit BlackRock & Co.?
Das geht nicht. Deshalb: Enteignen!

Panzer mit Solarbatterie: BlackRock führt die Greenwasher an

BlackRock-Chef Laurence Fink avancierte in den westlichen Kapital-Demokratien zum Sprecher des »nachhaltigen Kapitalismus«. Bei solchen Foren wie dem World Economic Forum (Weltwirtschaftsforum / WEF), das seit vier Jahrzehnten jährlich in der Finanzoase Schweiz im Luxus-Resort Davos tagt, bekommt Fink, zusammen mit ähnlichen Propagandisten wie William Gates (Microsoft-Gründer, Bill and Melinda Gates Foundation) eine weltweite Plattform. »Wirtschaft« ist auch hier die populistische, demagogische Verkleidung für »Privatunternehmen« (und ihre Hilfstruppen).

»Der Neoliberalismus hat ausgedient«, schreibt der Gründer des WEF, Klaus Schwab, aber Revolutionen und Aufstände sollen verhindert werden.[174] Die Alternative zum Neoliberalismus, den Fink, Gates, Schwab & Co. bisher selbst vertreten haben – die Alternative dazu wollen sie aber ebenfalls selbst in die Hand nehmen.

Ihr neuer Wertekanon hat die Abkürzung ESG: *Environment* (Umwelt), *Social* (Soziales), *Governance* (gute Unternehmensführung). Er ist Teil des *Green Deal.* Bei der vom WEF geförderten privaten Leitungsstruktur sollen die Regierungen und Institutionen der westlichen Kapital-Demokratien mithelfen, so die Zentralbanken wie die Fed in den USA und die EZB in der EU, die Weltbank, die Europäische Kommission. BlackRock erhielt von der Kommission einen Beratungsauftrag für ESG.[175]

Das geltende Völkerrecht, die Universelle Erklärung der Menschenrechte einschließlich der Sozial- und Arbeitsrechte, UNO-Mehrheitsbeschlüsse wie zum Verbot von Atomwaffen, die UNO-Konventionen etwa zu den Rechten von Flüchtlingen, Kindern und migrantischen Arbeitern sowie zur sanktionsbewehrten Verantwortung von Unternehmen für die Einhaltung der Menschenrechte in den globalen Liefer- und Produktionsketten (*Binding Treaty on Business & Human Rights*) – all das aber wird von Fink, Schwab, Gates & Co. durch ihren neuen Wertekanon verdrängt, verleugnet, wie schon bisher durch den Neoliberalismus auch.[176]

Übrigens: Die Umweltzerstörung durch die westliche fossile Wirtschaft – insbesondere mit ihren Kohle-, Öl- und Autokonzernen – wird wissenschaftlich schon seit mindestens 30 Jahren offengelegt. Aber die jetzt sich ach so verantwortlich gebenden Investoren wie BlackRock & Co. haben das auch lange nicht beachtet und sind auch heute noch die größten Miteigentümer dieser Konzerne. Jetzt ist man zeitgeistig aufgewacht – wie glaubwürdig ist das?

»Grüner Kapitalismus« verdeckt die fossilen Grundlagen

Der erneuerte, nachhaltige Kapitalismus soll auch ein »grüner« Kapitalismus werden. Dafür werden viele neue Fonds aufgelegt, etwa für Windräder und Solaranlagen. Diese Fonds haben jedoch einen vergleichsweise geringen Umfang.

Im Wesentlichen sind BlackRock & Co. weiterhin die bestimmenden Eigentümer des fossilen Kapitalismus, also der Öl-, Bergwerks-, Agrobusiness-, Automobil-, Pharma-, Zement- und Kreuzfahrtkonzerne und übrigens auch Rüstungskonzerne.[177]

BlackRock & Co. bleiben auch neben den Umweltfonds weiter Großaktionäre bei RWE, E.ON, Exxon, Shell, Total, General Motors, Daimler, BMW, VW und etwa beim größten Rohstoffhändler Glencore, mit Sitz in der Finanzoase Zug (Schweiz), bei den größten Pharmakonzernen wie Pfizer, DuPont, Bayer, BASF, Sanofi, bei den größten Zementherstellern wie Lafarge Holcim und HeidelbergCement, und auch bei den größten Rüstungskonzernen und Atombomben-Herstellern wie Boeing, Lockheed, Raytheon, General Dynamics, Northrop in den USA, Leonardo in Italien, Thales in Frankreich, Rheinmetall in Deutschland.[178]

BlackRock & Co. sind übrigens auch die größten Eigentümer der drei größten Kreuzfahrtkonzerne: Carnival Corp., Royal Caribbean Cruises und Norwegian Cruise Line. Alle drei haben übrigens ihren operativen Sitz in Miami/Florida/USA:

- Carnival Corp.: Die größten Eigentümer der Reihe nach sind Vanguard, Truist Bank, BlackRock, State Street, Northern Trust, Fidelity.
- Royal Caribbean Cruises: Die größten Eigentümer der Reihe nach sind Capital, Vanguard, BlackRock, State Street, Fidelity.
- Norwegian Cruise Line: Die größten Eigentümer der Reihe nach sind Vanguard, BlackRock, State Street, Fidelity.[179]

Z. B. Wikipedia: Schweigen über BlackRock & Co.

Die extreme Umweltschädlichkeit – Ausstoß u.a. von Schwefeloxiden – der Kreuzfahrtindustrie wird von den Umwelt-Predigern Fink & Co. nicht erwähnt, obwohl sie vielfach dokumentiert wurde.[180] Und die moderne Enzyklopädie *Wikipedia* bringt weitschweifige Artikel über diese Kreuzfahrtkonzerne, durchaus auch mit »kritischen« Anmerkungen zur Umweltschädigung – aber die Eigentümer bleiben unerwähnt.[181]

Fossiler Kapitalismus: Militärische Weltherrschaft und Aufrüstung

Zum fossilen Kapitalismus gehört auch der US-geführte und militärisch gestützte Anspruch auf völkerrechtswidrige Weltbeherrschung. Weltweite Aufrüstung, Militäroperationen und Kriege gehen auch im »nachhaltigen« und »grünen« Kapitalismus weiter. Und in letzter Zeit plädiert sogar die Umweltpartei der Grünen für Aufrüstung gegen »autoritäre Staaten« und für »robuste europäische Militäreinsätze« in enger Abstimmung mit den USA.[182]

Schon der »Normal«betrieb und die Versorgung mit Energie, Munition, Treibstoff, Nahrungsmitteln, Personalwechseln usw. der etwa 1000 US-Militärstützpunkte rund um die Erde – vielfach gezielt stationiert auf entlegenen Inseln (Guantanamo, Guam, Marshall ...) und in entlegenen, strukturschwachen Regionen (Thule/Grönland, Bondsteel/Kosovo, Rheinland-Pfalz ...) – und dazu die rund um die Uhr und rund um den Globus in der Luft, im Weltraum, auf der Erde und auf den Weltmeeren ständig bewegten Flugzeuge, Satelliten, Autos, Übungspanzer und Kreuzer zeigen: das US-Militär ist der größte Umweltzerstörer. Und wenn wir dann noch die NATO dazunehmen ...[183]

Aber das ist auch die Umweltstrategie von BlackRock & Co.; als dekoratives Anhängsel: Die NATO will »umweltfreundlich« werden, und zwar mit Biokraftstoff für Kampfjets und Solarbatterien für die Bordelektronik der Panzer.[184]

Umweltfreundliche Infrastruktur wie öffentliche und günstige Verkehrssysteme – kein Anliegen von BlackRock & Co. Die

Verarmung der Staaten wird weiterbetrieben. Und nicht zuletzt: Durch die Komplizenschaft der westlichen Staatsführungen und der EU mit BlackRock & Co. schwindet die politische Zustimmung der Bevölkerungsmehrheiten zu den bisherigen Institutionen, Parteien und Leitmedien der westlichen Demokratie: Fossiler Kapitalismus in mehrfacher Hinsicht.

Fink:
Die reichen Kunden sind wichtiger als die Umwelt

Manchmal redet der BlackRock-Chef Fink ein bisschen Klartext. Im Interview mit der *FAZ* betonte er auf dem bisherigen Höhepunkt der allgemeinen Umweltrettung im Sommer 2021: Er setze sich zwar »für die Umwelt ein«, aber »als Investor« sei es »allerdings meine Verantwortung, die Erträge meiner Kunden zu maximieren.«

Fink weist auch darauf hin, dass er den Wünschen seiner Kapitalgeber folgen muss, in welchen Unternehmen das Kapital investiert werden soll, und diese Wünsche können von den Nachhaltigkeits-Kriterien durchaus abweichen: »Ich kann das Geld nicht dort anlegen, wo ich es vielleicht will, sondern nur dort, wo es der Kunde möchte.«

Die *FAZ* fasst die Position Finks nach dem Interview – zustimmend – so zusammen: Fink »treibt die Unternehmen zu mehr Nachhaltigkeit an. Dass er die Welt damit rettet, glaubt er nicht. Dass er die Erträge der Kunden maximiert, allerdings schon.«[185]

Der neue »grüne Bruder« des DAX

BlackRock Deutschland brachte 2021 den Indexfonds DAX-ESG-ETF an die Frankfurter Börse. Dieser Fonds erfüllt die ESG-Kriterien, erklärte BlackRock.

Der Fonds hat seinen Namen vom DAX, aber, um die ESG-Kriterien zu erfüllen, wurden drei DAX-Konzerne herausgenommen, weil sie umweltschädlich produzieren: RWE (Braunkohle), E.ON (Stromnetze) und MTU (Triebwerke für zivile und militärische Luftfahrt). Nicht herausgenommen wurden jedoch die Auto- und Pharmakonzerne.

Stattdessen wurden drei Nicht-DAX-Konzerne aufgenommen: Symrise AG (Chemie, Duft- und Geschmacksstoffe), Brenntag SE (Weltmarktführer beim Vertrieb von Chemikalien) sowie Zalando SE (Online-Handel mit Mode und Kosmetik). Die Umwelt-Bewertung dieser drei Konzerne wurde durch Qontigo vorgenommen, der für Indexprodukte zuständigen Tochterfirma der Deutsche Börse AG.

Aber: BlackRock bleibt auch wie vorher schon Großaktionär in den drei Konzernen, die aus dem DAX-ESG-ETF-Fonds herausgenommen wurden. Und schon ist der neue »grüne Bruder« des DAX geboren.[186]

Wir lassen definieren, was »grün« ist

Die Deutsche Börse AG und ihre ESG-Index-Bewertungsfirma Qontigo übernehmen die ESG-Bewertung des ESG-Bewertungs-Weltmarktführers Sustainalytics: Mit 600 Angestellten erstellt sie für etwa 700 Kapitalorganisatoren wie BlackRock die ESG-Bewertungen für die Unternehmen, an denen BlackRock & Co. Anteile halten oder kaufen wollen. Der Sitz von Sustainalytics ist Amsterdam/Niederlande, in den wichtigsten kapitalistischen Staaten werden Filialen unterhalten.

Aber: Sustainalytics gehört der Morningstar Incorporated mit Sitz in Chicago/USA. Der Finanzanalyse-Konzern mit 5000 Angestellten ist führend bei der Gewinn-Bewertung der wichtigsten Aktien und Wertpapiere und hat auch Rating-Tochterfirmen.

Und wem gehört Morningstar? Der größte Aktionär ist Vanguard, dann folgen die üblichen Verdächtigen, die erste Liga der Grün-Wäscher: BlackRock, Fidelity, J.P. Morgan ...[187]

Abkürzungen mit Glossar

ALADDIN: Asset Liability and Debt Derivative Investment Network: BlackRock-Tochterfirma, größte Finanz-, Wirtschafts-, Krisen- und Politikdatenverarbeitungs-Anlage der westlichen Welt, erfüllt auch Aufträge der EZB, der Federal Reserve Bank, von Banken, Konzernen und Finanzspekulanten

AWS: Amazon Web Services: stellt Datenspeicher (Clouds) und Datenverarbeitung für Unternehmen und Militär

BaFin: Bundesaufsichtsamt für Finanzdienstleistungen: praktiziert hilflose Komplizenschaft mit Finanzspekulanten bis hin zur langjährigen Duldung von Betrug und Staatsschädigung (aktuelle Fälle in Deutschland: Cum-Ex, Wirecard); personell und technisch Finanzakteuren wie BlackRock systemisch unterlegen

CFR: Council on Foreign Relations: private außenpolitische Lobby des US-Kapitals; BlackRock-Chef Laurence Fink ist Mitglied und Direktor

DAX: die 30 größten Aktiengesellschaften in Deutschland; BlackRock hat Aktien in allen und ist mit den Anteilen an weiteren mehr als hundert wichtigen Unternehmen der größte Aktienbesitzer in Deutschland (wie auch in den USA, Frankreich, Belgien, Großbritannien ...)

ESG: der populistische Wertekanon von BlackRock & Co.: Environment (Umwelt), Social (Soziales), Governance (gute Unternehmensführung)

ESSR: Europäische Säule Sozialer Rechte: von der EU 2017 beschlossene, aktuelle Zusammenstellung des Arbeitsrechts in der EU mit der Legitimation prekärer Arbeitsverträge einschließlich des Null-Stunden-Vertrags (Zero Hour Contract)

ETF: Exchange Traded Fund: Indexfonds, »Volks«aktie, vor allem von BlackRock und Vanguard verbreitetes Finanzprodukt; wird roboterisiert verwaltet, kostet deshalb nur wenig Gebühren und wird auch von der EU als Instrument für die private Altersvorsorge gefördert

EU: Europäische Union: Bürokratie zur Förderung privater Kapitalinteressen, spricht für »Europa«, schließt aber Russland aus und unterstützt militärische Aggressionen der NATO gegen Russland; 20 Prozent der Bevölkerung der EU leben in Armut

EZB: Europäische Zentralbank: wird von BlackRock beraten

FAZ: Frankfurter Allgemeine Zeitung: Unternehmer-, Professoren- und Beamten-Postille

Fed: Federal Reserve Bank: Zentralbank der USA; wird von BlackRock beraten

GAMFA: Google Amazon Microsoft Facebook Apple: BlackRock & Co sind in allen die führenden Aktionäre

HNWI: High Net Worth Individuals: untere Zielgruppe von BlackRock & Co. als Kapitalgeber, frei verfügbares Vermögen ab ca. 5 Millionen Euro/US-Dollar

LEG: Landesentwicklungsgesellschaft: drittgrößter Wohnungskonzern in Deutschland, BlackRock & Co. als Großaktionäre

MTurk: Mechanical Turk: Tochterfirma von Amazon, vermittelt als Digitalplattform vertragslose, auch kleinstportionierte Crowdworking-Aufträge

NYT: New York Times: größtes Zeitungsimperium des US-geführten Westens, Medium des liberal-kritischen Akademikermilieus, das aber nicht das kapitalistische Profitsystem kritisiert; das meistzitierte ausländische Medium in Deutschland; Hauptaktionäre: BlackRock & Co.

PACTE: Plan d' action pour la croissance et la transformation des entreprises: Gesetz der Regierung unter Emmanuel Macron in Frankreich, noch nicht in Kraft getreten; weitere Steuererleichterungen für Unternehmen, prekäre Arbeitsformen, private Altersvorsorge mit ETF nach BlackRock-Vorbild

PEPP: Pan European Personal Pension Plan: Durch BlackRock-Lobbyisten wie George Osborne, Ex-Tory-Finanzminister, bei der EU durchgesetzte private »Europa-Rente« mithilfe des Finanzprodukts ETF

S.E.: Societas Europaea: von der EU neu geschaffene Rechtsform für transnational aktive Unternehmen; macht Betriebsräte und andere Formen der Belegschaftsvertretung schwerer und, wenn konstituiert, sind sie mit noch geringeren Mitbestimmungsrechten ausgestattet als nach dem Betriebsverfassungs-Gesetz in Deutschland; von BlackRock & Co. gern genutzt, etwa für die großen Wohnungskonzerne Vonovia und LEG

UHNWI: Ultra High Net Worth Individuals: obere Zielgruppe von BlackRock & Co. als Kapitalgeber, frei verfügbares Vermögen ab ca. 50 Millionen Euro/US-Dollar

WEF: World Economic Forum (Weltwirtschaftsforum), Aufbau einer privaten Welt-Nebenregierung, Plattform für ESG-Propagandisten wie BlackRock-Chef Fink, William (»Bill«) Gates, Klaus Schwab, Christine Lagarde, Ursula von der Leyen, Prinz Charles

Literatur

blackrocksbigproblem.com: Learn how asset managers fuel climate destruction

blackrocktribunal.de: Anklage, Sachverständige und Urteil beim Tribunal gegen BlackRock am 26./27.9.2020 in Berlin: Zu Macht, Umwelt, Wohnungen, Rüstung

Campaign for Accountability: BlackRock's Washington Playbook. How the World's Largest Asset Manager Boosted its Political Spending and Fought off Government Supervision, Washington September 2019

Jörg Cezanne / MdB Die Linke: BlackRocks Marktmacht, Aladdin und die notwendige Regulierung, www.blackrocktribunal.de

urgewald und Facing Finance: Dirty Profits. Unser Geld für Rüstungsexporte in Kriegs- und Krisengebiete, Juli 2018

Finanzwende: Die Marktmacht von BlackRock. Wie ein zu mächtiger Finanzkonzern das Geschehen der globalen Wirtschaft mitbestimmt, 8.6.2021

Niklas Hoves / Ethecon: BlackRock als größter Investor der Kriegsindustrie, www.blackrocktribunal.de

Niklas Hoves / Ethecon: Greenwashing und beschleunigter Klimawandel, www.blackrocktribunal.de

Dietmar Leuthold / René Tannhäuser vom Vonovia-Mieternetzwerk Dresden-Leipzig: Überwälzung der Mietkosten auf die Kommunen, www.blackrocktribunal.de

Friedrich Merz: Mehr Kapitalismus wagen, München 2008

Philipp Metzger: Prekäre Arbeitsverhältnisse bei Vonovia durch Insourcing und Union Busting, www.blackrocktribunal.de

Jacques Pauwels: Big Business avec Hitler. Brussels 2013

Public Accountability Initiative (PAI)/Action Center on Race and the Economy (ACRE): BlackRock's Governance Mess. As BlackRock Rushes to Cut Climate Risk, Lead Director Murry Gerber Doubles Down on Fossil Fuel, 18.5.2021

Daniel Rieger: Kreuzfahrt – Untragbar für Klima, Umwelt und Gesundheit, nabu.de/umwelt-und-ressourcen/verkehr/schiffahrt/kreuzschiffahrt/14069.html

Werner Rügemer: Die Kapitalisten des 21. Jahrhunderts. Gemeinverständlicher Abriss zum Aufstieg der neuen Finanzakteure, 3. erweiterte Auflage Köln 2021 mit Vorwort zu Corona und Systemkonflikt USA-China; englisch: The Capitalists of the 21st Century, Hamburg 2019; Französisch: Les Capitalistes du 21ème Siècle, Hamburg 2020 (auch als eBook)

Werner Rügemer: Imperium EU: ArbeitsUnrecht, Krise, neue Gegenwehr. Köln 2020

Werner Rügemer: Rating-Agenturen. Einblicke in die Kapitalmacht der Gegenwart. 2. Auflage, Bielefeld 2012

Rouzbeh Taheri / Initiative Deutsche Wohnen enteignen: Mieten, Nebenkosten und Arbeitsverhältnisse bei Vonovia und Deutsche Wohnen, www.blackrocktribunal.de

Christoph Trautvetter / Netzwerk Steuergerechtigkeit: BlackRocks Hilfe bei der Steuerflucht, www.blackrocktribunal.de

Knut Unger / MieterInnenverein Witten: Mieten und Nebenkosten bei Vonovia und LEG, www.blackrocktribunal.de

Gaby Weber: Die Fusion von Bayer mit Monsanto und die Hilfe der EZB, www.blackrocktribunal.de

Anmerkungen

1 Großaktionäre in der BlackRock-Phase des Kapitalismus haben in den allermeisten Fällen einen sehr viel geringeren prozentualen Anteil der Aktien als früher. In der Regel haben heute die ersten 5–10 größten Aktionäre eines Unternehmens und einer Bank zwischen drei und maximal zehn Prozent der Aktien.
2 marketscreener.com/quote/stock/wirecard-AG, 20.5.2021
3 Wirecards Gläubiger, manager magazin 25.6.2020
4 Deutsche Bank gewährt Wirecard-Chef Braun Großkredit, Handelsblatt 25.3.2019
5 Das ist die Bewertung durch die Ratingagentur Moody's, deraktionaer.de 30.8.2019
6 US Congress/Financial Crisis Inquiry Commission: The Financial Crisis Inquiry Report, New York 2011, Kapitel über die Ratingagenturen.
7 Wirecard: BlackRock baut ab, wallstreet:online 14.2.2019
8 Wirecard-Aktie: BlackRock hat gehandelt, it.times.de 1.2.2020; Wirecard-Aktie: BlackRock ist wieder aktiv gewesen – Nervosität hoch, it.times.de 19.2.2020
9 Werner Rügemer: Die Kapitalisten des 21. Jahrhunderts. Köln 3. Auflage 2021, S. 18 ff.
10 Die Investoren reich, die Länder arm, Süddeutsche Zeitung 28.12.2018
11 »Mit Schweiß und Tränen«, Handelsblatt 29.11.2018
12 Hauptaktionär: Der Aktionär mit dem prozentual größten Aktienanteil im Vergleich zu den anderen Großaktionären. Er hat heute in den meisten Fällen um die 10 Prozent der Aktien oder auch weniger – im Unterschied zur Vor-BlackRock-Zeit, als ein Hauptaktionär auch 50 oder mehr Prozent der Aktien haben konnte.

13 Siehe die Antworten der Bundesregierung auf die Anfragen der Abgeordneten Fabio di Masi u.a./Fraktion die Linke vom 5.12.2018 und 27.3.2020

14 BaFin in Bedrängnis, FAZ 2.8.2020

15 Zu Typologie, Praktiken und Folgen von BlackRock & Co. und auch der anderen Finanzakteure siehe Werner Rügemer: Die Kapitalisten des 21. Jahrhunderts. Gemeinverständlicher Abriss zum Aufstieg der neuen Kapitalakteure, 3. erweiterte Auflage Köln 2021. The Capitalists of the 21st Century. An Easy-to-Understand-Outline on the Rise of the New Financial Players, tredition 2019: Les Capitalistes du 21ème Siècle, tredition 2020 (beide Hardcover, Paperback und eBook)

16 Deutsch-Amerikanischer Freundschaftsvertrag vom 29. 10.1954; bestätigt durch BGH-Urteil, 29.1.2003 VIII 155/02

17 Zur Geschichte der Deregulierungen, der Gründung und der Praktiken von Blackstone und die Gründung von BlackRock siehe Rügemer: Die Kapitalisten des 21. Jahrhunderts, S. 70–125

18 Neuer Auftrag aus Brüssel: Bestimmt BlackRock bald die EU-Klimapolitik? Deutsche Wirtschaftsnachrichten 7.5.2020

19 Adam Lebor: The Tower of Basel. New York 2013, S. 252 ff.

20 IWF: What's Shadow Banking? Many financial institutions that act like banks are not supervised like banks, in: Finance and Development June 2013, S. 42 f.

21 www.reuters.com 14.7.2021

22 Werner Rügemer: Noch mehr BlackRock in der US-Regierung, Telepolis 17.1.2021

23 bbc.com/news/av/business-42830383, January 26, 2018

24 Nasdaq 30.10.2020

25 money.cnn/com/quote 20.5.2021

26 Populismus: Wenn Parteien, Regierungen, Unternehmer, Investoren, Medien und Berater Wohltaten für die ganze Gesellschaft versprechen, z. B. Arbeitsplätze, Wohlstand,

Steuersenkungen, Umweltrettung, Frieden, aber in Wirklichkeit die Interessen einer privatkapitalistischen Minderheit vertreten und diese hinterrücks durchsetzen.

27 Zu einzelnen Nachweisen siehe www.blackrocktribunal.de (Links und Ergebnisse des Tribunals gegen BlackRock am 26./27.9.2020 in Berlin)

28 Fund Fire: BlackRock, Fidelity-Backed Dark Pool lockt mehr Manager, forefrontcomms.com 14.8.2017

29 Milliarden gegen den Klimaschutz, FAZ 12.6.2021

30 Dietmar Leuthold/René Tannhäuser: Wie Mietkosten auf die Kommunen überwälzt werden, www.blackrocktribunal.de

31 Werner Rügemer: Die Kapitalisten des 21. Jahrhunderts, S. 23f.

32 Wirtschaftswoche 29.3.2018, S. 20

33 t-online.de/finanzen/news/unternehmen, 23.5.2021

34 Plötzlich Freunde. Vonovia will Deutsche Wohnen übernehmen, FAZ 26.5.2021

35 Vermögensverwalter Blackrock legt wieder stark zu, FAZ 14.7.2021

36 Jörg Cezanne: BlackRocks Marktmacht, Aladdin und die notwendige Regulierung, www.blackrocktribunal.de

37 Rügemer: Die Kapitalisten des 21. Jahrhunderts, S. 16ff.

38 Rügemer: Die Kapitalisten des 21. Jahrhunderts, S. 28f.

39 Werner Rügemer: Arbeitsarmut, Rentenarmut – Höchststand in Deutschland. Eine Bilanz der Ära Merkel. www.nachdenkseiten.de 12.7.2021

40 Siehe das Vorwort zur 3. Auflage der deutschen Ausgabe von Werner Rügemer: Die Kapitalisten des 21. Jahrhunderts, Köln 2021

41 Antwort der Bundesregierung auf die Kleine Anfrage des Abgeordneten Fabio De Masi u.a. »Die Rolle von BlackRock in der deutschen Politik und Wirtschaft«, 18.1.2019, DOK 209/0019647

42 Ein Berater in der Datenwolke, FAZ 19.5.2021

43 https://marketscreener.com/quote/stock/ACCENTURE, abgerufen 20.5.2021

44 Für Moody's und S & P siehe money.cnn/quote/shareholder, abgerufen 24.5.2021

45 Werner Rügemer: RatingAgenturen. Einblicke in die Kapitalmacht der Gegenwart. 2. Auflage Bielefeld 2012

46 Fortune 7.7.2014

47 Werner Rügemer: Aggressive Finanzinvestoren wie BlackRock & Co., der Schlachtkonzern Tyson und die USA in Zeiten der Pandemie, arbeitsunrecht.de 28.5.2020

48 Werner Rügemer, Noch mehr BlackRock in der US-Regierung, »America First« mit anderen Mitteln, Telepolis, 17.1.2021

49 Vgl. zur Rolle der NYT bei der Verteidigung der US-Außenpolitik auch: Noam Chomsky: Media Control – Wie uns die Medien manipulieren, Frankfurt am Main 2018, S. 76–170

50 Jacques Pauwels: Big Business avec Hitler. Brussels 2013

51 Ashley Rindsberg: The Gray Lady Winked. How the New York Times's misreporting, distortions and fabrications radically alter history, Tel Aviv 2021; Laurel Leff: Buried by the New York Times: The Holocaust and America's Most Important Newspaper, Cambridge University Press 2005

52 Money.cnn.com/quote/shareholder, abgerufen 24.5.2021

53 Werner Rügemer: Die Kapitalisten des 21. Jahrhunderts, S. 158 f.

54 Campaign for Accountability: BlackRock's Washington Playbook. How the World's Largest Asset Manager Boosted its Political Spending and Fought off Government Supervision, Washington September 2019. Auch die folgenden Angaben sind weitgehend diesem Report entnommen.

55 ICI: Annual Report 2020, 2020ici.org, abgerufen 26.5.2021. Daraus auch die folgenden Angaben zum ICI.

56 https://ec.europa.eu/transparencyregister: Registriernummer 514365544494-18, Anmeldungsdatum 9.11.2010

57 https://lobbypedia.de/wiki/BlackRock, abgerufen 24.5.2021

58 https://lobbypedia.de/wiki/BlackRock, abgerufen 24.5.2021

59 Werner Rügemer: BlackRock-Kapitalismus. Das neue transatlantische Finanzkartell, in: Blätter für deutsche und internationale Politik, Oktober 2016

60 Gaby Weber: Fusion Bayer und Monsanto und die Hilfe der EZB, www.blackrocktribunal.de

61 ec.europa.eu/info/strategy/recovery-plan-europe_de, 20.12.2020

62 Aktien-mag.de/blog/chartanalyse-blackrock 31.10.2020

63 Europäische Kommission: Richtlinie PEPP, 25.7.2019

64 Lena Banken: Den Bock zum Gärtner – BlackRock, die EU und die Nachhaltigkeit, https://www.finanzwende.de 21.4.2020

65 Ein Gesicht für den Riesen, Süddeutsche Zeitung 18.3.2016

66 Friedrich Merz: Die Macht des Geldes, Handelsblatt 18.1.2016

67 Werner Rügemer: Der Bankier. Ungebetener Nachruf auf Alfred von Oppenheim. 2. geschwärzte Ausgabe, Frankfurt/Main 2006, S. 31ff.

68 Hermann Ploppa: Die Macher hinter den Kulissen. Wie transatlantische Netzwerke heimlich die Demokratie unterwandern, Frankfurt/Main 2014, S. 80ff.

69 Ist BlackRock böse? Oder nur gefährlich?, Der Freitag, 2.11.2018 mit Hinweis auf ein Treffen von Merz mit der Redaktion von Die Welt.

70 ZDF/frontal21 vom 27.11.2018

71 Rat für 70 Millionen Euro, Stern 7.4.2011

72 Grenzgänger, Der Spiegel 45/2018, S. 21

73 In der Businessclass, Der Spiegel 46/2018, S. 20

74 Cum/Ex Trades – Investigate and Counter the Risks, https://mayerbrown.com/en-US/events/detail.aspx, abgerufen 13.11.2018

75 Friedrich Merz: Mehr Kapitalismus wagen, München 2008, S. 103

76 Merz: Mehr Kapitalismus wagen, S. 152 und 117

77 Werner Rügemer: Die Kapitalisten des 21. Jahrhunderts, S. 70–125

78 Merz: Mehr Kapitalismus wagen, S. 103

79 Werner Rügemer: Die Kapitalisten des 21. Jahrhunderts, S. 34 ff.

80 Friedrich Merz: »Deutlich sichtbare Alarmzeichen«, Handelsblatt 1.12.2016

81 Vgl. die Darstellung durch den Ex-SPD-Finanzminister von NRW, Norbert Walter-Borjans: Steuern – der große Bluff, Köln 2018

82 Antwort der NRW-Landesregierung, Drucksache 27/5879 vom 18.4.2019; siehe auch die TV-Sendung in WestPol/WDR: Friedrich Merz – BlackRocks Türöffner in die Politik, 22.9.2019, mit Statement von Werner Rügemer

83 »Ich verdiene eine Million Euro pro Jahr«, Bild am Sonntag 18.11.2018

84 Ein Gesicht für den Riesen, Süddeutsche Zeitung 18.3.2016; Merz bestreitet Interessenkonflikte, Süddeutsche Zeitung 1.11.2018

85 Stadler-Börsengang bringt Friedrich Merz 6,7 Millionen ein, Handelsblatt 13.4.2019

86 ZDF/frontal21 27.11.2018

87 Zwei Impulspolitiker unter Kronleuchtern, Zeit online 1.12.2009

88 Nicht alle Funktionen wurden auf die genauen Jahreszahlen und die heutige Aktualität überprüft.

89 Zwei Impulspolitiker unter Kronleuchtern, Zeit online 1.12.2009

90 https://www.mayerbrown.com.de/events/4th-Annual-Transatlantic-Buisness-Conference (2010), abgerufen 5.11.2018

91 Die geistige Elite übernimmt Verantwortung, Handelsblatt 11.3.2008
92 Der Angreifer, Handelsblatt 2.11.2018
93 Wolfgang Clement/Friedrich Merz: Was jetzt zu tun ist. Deutschland 2.0, Freiburg Basel Wien 2010, S. 42
94 Ermittlungen gegen Ernst & Young – Und keiner prüft die Prüfer, Handelsblatt 17.6.2010
95 Wolfgang Clement / Friedrich Merz: Was jetzt zu tun ist. Deutschland 2.0, S. 16
96 Der Angreifer, Handelsblatt 2.11.2018; Merz war sich auch einig bei der Forderung »kein Mindestlohn!« mit Wolfgang Clement im gemeinsamen Buch »Was jetzt zu tun ist. Deutschland 2.0«
97 Friedrich Merz: Schwellenländer sind die wirkliche Herausforderung, Handelsblatt 3.9.2010
98 Das Rückspiel, Der Spiegel 45/2018, S. 20
99 Friedrich Merz hält 132 Euro Hartz IV für genug, Die Welt 12.9.2008
100 Zwei Impulsgeber unter Kronleuchtern, Zeit online 1.12.2009
101 Merz: Mehr Kapitalismus wagen, S. 75
102 Merz: Mehr Kapitalismus wagen, S. 82
103 Den Sumpf austrocknen, Der Spiegel 10/2003, S. 30 ff.
104 Clement/Merz Was jetzt zu tun ist. Deutschland 2.0, S. 45
105 Clement/Merz, Was jetzt zu tun ist. Deutschland 2.0, S. 152
106 Den Sumpf austrocknen, Der Spiegel 10/2003, S. 30 ff.
107 Den Sumpf austrocknen, Der Spiegel 10/2003, S. 30 ff.
108 Friedrich Merz: »Deutlich sichtbare Alarmzeichen«, Handelsblatt 1.12.2016
109 Merz: Mehr Kapitalismus wagen, S. 143 ff. Und 166 ff.
110 Merz: Mehr Kapitalismus wagen, S. 148.
111 Merz: Mehr Kapitalismus wagen, S. 77 ff. und 87 ff.
112 Den Sumpf austrocknen, Der Spiegel 10/2003, S. 30 ff.
113 Merz: Mehr Kapitalismus wagen, S. 132
114 40 Manager greifen Röttgens Politik an, faz.net 21.8.2010

115 Merz: Mehr Kapitalismus wagen, S. 176 ff.
116 Clement/Merz: Was jetzt zu tun ist. Deutschland 2.0, S. 140 f.
117 Martin Teigeler: Merz bejubelt rechten Großvater, taz 16.1.2004
118 Clement/Merz: Was jetzt zu tun ist. Deutschland 2.0, S. 73
119 Das späte Rückspiel des Friedrich Merz, Handelsblatt 30.10.2018
120 Der Angreifer, Handelsblatt 2.11.2018
121 Friedrich Merz: Die Griechenlandkrise ist eine Chance für Europa, Handelsblatt 5.5.2010
122 Werner Rügemer: RatingAgenturen – Einblicke in die Kapitalmacht der Gegenwart. Bielefeld 2. Auflage 2012, S. 140 ff.
123 Friedrich Merz: Amerika und Europa – nur gemeinsam, Rotary Magazin für Deutschland und Österreich 1.3.2017
124 In einer Rede 2016 im Casino Bern auf Einladung der Anwaltskanzlei Kellerhals Carrard und der Unternehmensberatung Implement Consulting, https://infosperber.ch 2.11.2018
125 Werner Rügemer: Imperium EU – ArbeitsUnrecht, Krise, neue Gegenwehr. Köln 2020, S. 210 ff.
126 Werner Rügemer: Imperium EU, S. 210 ff.
127 Werner Rügemer: Die Kapitalisten des 21. Jahrhunderts, S. 84 ff.
128 Hans-Olaf Henkel: Die CDU braucht einen Friedrich Merz, Die Zeit online 23.10.2017
129 Ethecon: Black Planet Award 2017 für Laurence Fink: BlackRock als Großaktionär des deutschen Rüstungskonzerns Rheinmetall, ethecon.org/download/Dossier%RHEINMETALL
130 https://www.bloomberg.com 16.4.2018
131 https://www.bloomberg.com 14.7.2021
132 BDI: Gemeinsame Pressemitteilung von BDI, BDU, DIHK zum nationalen Lieferkettengesetz 3.9.2020

133 Schwaches Wachstum, lasche Behörden: Finanzriese BlackRock warnt vor Risiken in Europa, www.spiegel.de 23.1.2015

134 The food chain's weakest link: Slaughterhouses, New York Times 20.4.2020; The end of meat is here, New York Times 23.5.2020

135 When we're Dead and Buried: Workers Rights Threat in US Meat and Poultry Plants, https://hrw.org/report, 4.9.2019

136 Werner Rügemer: Die Kapitalisten des 21. Jahrhunderts, S. 161f.

137 Rügemer: Die Kapitalisten des 21. Jahrhunderts, S. 169 ff.

138 Rügemer: Die Kapitalisten des 21. Jahrhunderts, S. 188 f.

139 Werner Rügemer: Berliner Mietendeckel – Der lange Weg der Lobbyisten, ver.di publik 3/2021

140 Christoph Butterwegge / Gerd Bosbach / Matthias Birkwald (Hrsg..): Armut im Alter. Frankfurt/New York 2012, S. 52 ff.

141 Werner Rügemer: BlackRock und die »Europa-Rente«, www.nachdenkseiten.de 17.6.2021

142 Einer Elhauge: How Horizontal Shareholding Harms Our Economy And Why Antitrust Law Can Fix It, Harvard Business Law Review 10.4.2020

143 José Azar/Martin Schmalz/Isabel Tecu: Anticompetitive effects of common ownership, Journal of Finance 4/2018, S. 1513 ff.

144 Ausführlich dazu Werner Rügemer: Imperium EU – Arbeits-Unrecht, Krise, neue Gegenwehr, Köln 2020, S. 167ff und 200 ff.

145 Werner Rügemer: Imperium EU – ArbeitsUnrecht, Krise, neue Gegenwehr, Köln 2020, S. 166 ff.; vgl. https://ec.europa.eu/commission/priorities/european-pillar-social-rights-20-principles.de

146 Werner Rügemer: Mehr Niedriglöhnerei, gendermäßig und digital aufgehübscht, Telepolis 9.5.2021

147 International Labor Organisation (ILO): The World Employment and Social Outlook. The role of digital labor platforms in transforming the world of work, Geneva 23.2.2021

148 European Commission: Green Paper on Ageing, Bruxelles 27.1.2021, Seite 12 f.

149 BlackRock: Loi Pacte – Le bon plan Retraite, Viewpoint, Paris juin 2019

150 Study on the Feasibility of a European Personal Pension Framework, Publications Office of the EU, Juni 2017

151 Europäische Kommission: Richtlinie PEPP, 25.7.2019

152 BlackRock completes acquistion of efront, privateequitywire.co.ok 13.5.2021

153 BlackRock ou la corruption »ordinaire« du gouvernement des riches, unitecgt.fr 7 janvier 2020

154 ISIN: LU2255697620

155 Catherine Mills (Coord.): Les Retraites – Un Bras de Fer avec le Capital. Paris 2020

156 MieterAKTIONärin/Dachverband Kritische Aktionäre: Deutsche Wohnen hat kein Konzept für die Übernahme durch Vonovia, 1.6.2021

157 Werner Rügemer: Grünes Licht für größten Wohnungskonzern Europas, Telepolis 3.7.2021

158 Deutsche Wohnen wirbt um Aktionäre, FAZ 31.5.2021

159 Werner Rügemer: Die Kapitalisten des 21. Jahrhunderts, S. 51 ff.

160 Siehe https://marketscreener.com/quote 2.6.2021; dort auch die Angaben zu den anderen Wohnungskonzernen.

161 LEG profitiert von Zukäufen, FAZ 11.3.2021

162 Wie die Immobilienkonzerne von der Wohnungsnot profitieren, FAZ 14.8.2018

163 Die große Angst vor einer Immobilienblase, FAZ 2.10.2019

164 Verbraucherzentrale NRW: Energielieferung per Mietvertrag, Meldung 3.9.2019

165 Knut Unger: Mieten und Nebenkosten bei Vonovia und LEG; Rouzbeh Taheri: Mieten, Nebenkosten und Arbeits-

verhältnisse bei Vonovia und Deutsche Wohnen; alle in www.blackrocktribunal.de

166 Riesengeschäft – am Fiskus vorbei, FAZ 27.5.2021

167 Christoph Trautvetter: BlackRocks Hilfe bei der Steuerflucht, auch zulasten der Kommunen, www.blackrocktribunal.de

168 Veröffentlichung gemäß § 40 Abs.1 Wertpapierhandelsgesetz, https://investoren.vonovia.de/websites, 6.11.2018

169 Philipp Metzger: Prekäre Arbeitsverhältnisse bei Vonovia durch Insourcing und Union Busting, www.blackrocktribunal.de

170 Schöner Wohnen. Streik bei der Handwerkergesellschaft TSP für den Tarifvertrag, ver.di news 30.1.2021

171 Werner Rügemer: Die Kapitalisten des 21. Jahrhunderts, S. 43 ff.

172 Werner Rügemer: Berliner Mietendeckel – Der lange Kampf der Lobbyisten, ver.di publik 3/2021

173 Housingforall.eu/de

174 Klaus Schwab/Thierry Malleret: Covid-19: The Great Reset, Genf 2020. Schwab ist Gründer und Organisator des Weltwirtschaftsforums; Malleret gründete die Vermögensverwaltung IJ für Kapitalanlagen für Ultra High Net Worth Individuals (Kapitalanlagen ab ca. 100 Millionen pro Person).

175 Verena Kern: Nachhaltig mit BlackRock?, klimareporter.de/finanzen-wirtschaft/nachhaltig-mit-Blackrock, 11.4.2020

176 Zu den an Völkerrecht und Menschenrechten orientierten Alternativen und Gegenbewegungen siehe die Anklage, die Aussagen der Zeugen und Sachverständigen und das Urteil beim Tribunal gegen BlackRock am 26./27.9.2020 in Berlin, www.blackrocktribunal.de

177 Niklas Hoves: Greenwashing und beschleunigter Klimawandel, www.blackrocktribunal.de

178 Niklas Hoves: BlackRock als größter Investor der Kriegsindustrie, www.blackrocktribunal.de

179 Alle Angaben nach money.cnn.com/quote, abgerufen 21.6.2021

180 Daniel Rieger/NABU: Kreuzfahrt – Untragbar für Klima, Umwelt und Gesundheit, nabu.de/umwelt-und-ressourcen/verkehr/schiffahrt/kreuzschiffahrt/14069.html

181 Zu Praktiken und Finanzierung von Wikipedia siehe Werner Rügemer: Die Kapitalisten des 21. Jahrhunderts, S. 195–202

182 https://www.sueddeutsche.de/politik/aussenpolitik-baerbock-will-bundeswehr-staerken-1.5131741

183 Werner Rügemer: US-Militär – der größte Umweltvergifter, www.nachdenkseiten.de 2.9.2019

184 Panzer mit Solarzellen. Die NATO rückt den Klimaschutz nach vorn, FAZ 10.6.2021

185 Interview mit Laurence Fink, FAZ 14.7.2021

186 Der DAX bekommt einen grünen Bruder, FAZ 20.5.2021

187 https://money.com/quote/shareholders, abgerufen 20.5.2021